Ce livre est dédié à l'enfant innocent toujours présent en chacun de nous et particulièrement à ceux qui, vus par les yeux de ma propre culpabilité, apparaissaient comme mes ennemis. Parce que j'ai choisi de voir en eux ceux qui m'ont enseigné le pardon, je suis heureux de les reconnaître enfin comme mes frères et soeurs dans la lumière.

Louise

SANS PEUR ET SANS REPROCHES

Se délivrer de la peur grâce au pardon

Docteur Gerald G. Jampolsky

avec la collaboration de
Patricia Hopkins et Willam N. Thetford

Editions Vivez Soleil

L'IMPRESSION EN COULEUR

Nous avons choisi d'imprimer les textes de nos livres
avec une encre de couleur, malgré le surcoût
que cela représente, dans le but d'éviter
la surintellectualisation qu'entraîne
le noir-blanc et favoriser l'harmonie
entre le cerveau gauche
(responsable de la logique rationnelle)
et le cerveau droit
(facultés intuitives et imaginatives).
Nous voulons ainsi faciliter une lecture
plus globale et plus gaie
tout en contribuant à développer
votre potentiel de santé
physique et psychique.

Titre original : Goodbye to Guilt
Traduction : Michèle-Rose Wainhouse
Illustrations : Anja Bell

Cinquième édition : 1993

32 avenue Petit-Senn CH-1225 Chêne-Bourg/Genève
ISBN : 2-88058-040-4

LES EDITIONS VIVEZ SOLEIL

Nous sommes de plus en plus nombreux à désirer nous rapprocher de la nature, donner une part plus grande à la créativité personnelle et vivre pleinement dans un monde en changement constant. Pour cela, il nous faut découvrir les principes de santé et d'harmonie nous permettant d'améliorer notre relation avec nous-mêmes, nos proches et le monde dont nous faisons partie.

Les méthodes de santé sont actuellement multiples et variées. Qu'elles soient issues des traditions anciennes ou des études scientifiques modernes, il est important de percevoir leur complémentarité pour faire ensuite librement ses choix et agir en se prenant en charge.

Les EDITIONS VIVEZ SOLEIL présentent des chemins possibles, montrent des directions, en se situant au-delà des querelles d'école et en respectant les convictions et préférences de chacun. D'un livre à l'autre se multiplient les occasions de prise de conscience et de compréhension. Si les expériences proposées nous attirent, nous sommes invités à *vivre toujours plus au pays du bien-être :* favoriser notre santé et notre épanouissement, développer nos ressources personnelles et notre connaissance de nous-mêmes dans une approche globale tenant compte de toutes les dimensions de l'être humain : physique, émotionnelle, mentale et spirituelle.

Les livres signés « Docteur Soleil » sont le fruit du travail d'équipe de personnes de tous horizons pour réaliser des synthèses dans un langage simple et pédagogique. Ils s'appuient sur la documentation fournie par la FONDATION SOLEIL de Genève dans les domaines de la santé et du bien-être.

Les livres, les cassettes audio et les cassettes vidéo que nous publions sont sélectionnés pour la qualité de leur information ou la beauté de leur message. Tous visent à nous permettre d'entrer dans une conscience de la vie plus large, plus joyeuse et plus libre.

Demandez notre catalogue gratuit à :

EDITIONS VIVEZ SOLEIL
32, avenue Petit-Senn
CH-1225 Chêne-Bourg, Genève
Tél. (022) 349.20.92

Table des matières

AVANT-PROPOS

Ce que j'apprécie le plus en Jerry Jampolsky c'est sa capacité à énoncer clairement les émotions et à décrire les expériences que chacun de nous a vécues. Il le fait d'une telle façon que nous pouvons comprendre nos propres problèmes, déterminer notre condition d'êtres humains et ce qui nous anime. Il nous aide à découvrir nos raisons de faire ce que nous faisons. Quand je lis ses textes ou parle avec lui, je suis sans cesse renvoyé à certaines émotions confuses ou à des relations dans ma propre vie, et je me surprends à dire: «Ah, voilà donc ce qui s'est passé!».

Les livres de Jerry me sont très précieux, non seulement pour ma propre compréhension, mais aussi pour coordonner et énoncer clairement aux autres mes idées sur la vie et le monde où nous vivons.

Plus important encore, Jerry encourage et renforce mes idées sur le but de la race humaine, la façon de l'atteindre, et notre possibilité de créer un monde de paix, un rêve que nous avons tous.

Changer le monde pour le rendre meilleur est une préoccupation pour beaucoup d'entre nous. Je pense, pour ma part, que le monde ne peut pas être changé. C'est en nous changeant nous-mêmes que nous pourrons engendrer un monde nouveau.

Le *Cours sur les miracles* nous dit : «tu ne peux pas changer tes idées en changeant de comportement, mais tu *peux* changer ta façon de penser». Et quand quelqu'un change vraiment sa façon de penser, «il a modifié l'instrument le plus puissant qui lui ait jamais été donné pour opérer un changement».

Notre monde est un monde de conflits et de séparations. C'est un monde de jugements et de punitions où nous rendons les autres responsables de nos problèmes. C'est un monde instable. Plus nous en apprenons sur la culpabilité et la peur, sur le pouvoir qu'elles exercent sur nos vies et nos rapports les uns avec les autres, plus leurs effets sur la société et le monde deviennent évidents. Quand nous commençons à comprendre la puissance de l'amour et du pardon, il devient de plus en plus facile de choisir l'environnement dans lequel nous désirons vivre. En faisant un choix conscient, nous nous apercevons que l'espace dans lequel nous vivons est différent et nous ressentons la paix de l'esprit et la plénitude du cœur, qui sont les dons d'un Dieu aimant.

Les milliers de gens dans le monde qui aiment Jerry et dont la vie a été améliorée par son message, attendent impatiemment son nouveau livre. Une surprise les attend. Dans une belle prose claire, Jerry nous dit que la paix est un choix conscient. Se libérer de la culpabilité est un pas essentiel dans ce choix.

John Denver
Windstar
Aspen, Colorado
Novembre 1984

REMERCIEMENTS

Je voudrais remercier tous les lecteurs qui nous ont écrit, à Patricia Hopkins et à moi-même, pour nous demander que nos articles rédigés pour le magasine *Unity* soient publiés sous forme de livre. Voici ce livre qui est le résultat du développement et de la modification de ces articles.

Je voudrais exprimer mes sincères remerciements à Mary Abney pour ses encouragements, sa patience et les nombreuses heures qu'elle a passées à dactylographier ce manuscrit. Je suis aussi reconnaissant à Grace Bechtold, rédacteur-en-chef à Batam Books, pour son soutien et sa patience.

Les citations qui apparaissent avant chaque chapitre et chaque leçon sont empruntées au *Cours sur les miracles,* publié en 1975 par la Fondation pour la Paix Intérieure (Foundation for Inner Peace, P.O. Box 365, Tiburon, CA 94920), et sont imprimées ici avec la permission de l'éditeur. Je dois beaucoup à Judy et Bob Skutch pour avoir autorisé l'utilisation de ces citations.

PREMIERE PARTIE

INTRODUCTION

La question la plus importante à laquelle nous devons, je crois, tous faire face dans notre vie est la guérison de nos relations. Le but de ce livre est de démontrer comment les guérir par le pardon, en se délivrant de la culpabilité, de la peur et du blâme qui nous maintiennent séparés les uns des autres.

La culpabilité se définit très simplement comme le sentiment d'autocondamnation que nous éprouvons si nous estimons avoir mal agi. La peur est le sentiment d'anxiété ou d'agitation que nous ressentons lorsque nous percevons un danger — quel qu'il soit. Dans le contexte de ce livre, culpabilité et peur sont très liées et souvent synonymes. Le pardon, c'est se détacher de l'empire du passé. Tant que nous ne pardonnons pas les autres pour ce que nous croyons qu'ils nous ont fait, nous sommes incapables de nous pardonner nous-mêmes et de connaître la paix de l'esprit.

Pendant presque toute ma vie et sans vraiment m'en rendre compte, j'ai voulu que les autres répondent à mes attentes. Mon attitude signifiait en fait que le monde serait un endroit merveilleux si tous se conformaient à ma manière de voir. Ceux qui allaient dans ce sens devenaient mes amis, ceux qui ne se montraient pas à la hauteur de mes espérances étaient exclus de ma vie.

De mon point de vue, c'était l'autre et non moi qui devait changer pour qu'une relation guérisse. J'appris plus tard avec étonnement qu'il me suffisait de guérir mon esprit en me libérant, par le pardon, de la culpabilité et de la peur, résurgence du passé.

Ayant passé le cap de la cinquantaine, quand je

regarde en arrière, je me rends compte que ma vie a été une quête intense, sans que je sache ce que je cherchais. J'ai aspiré à la santé, au respect, à l'argent, aux possessions matérielles, au prestige, au statut social, professionnel, à la sécurité pour le futur, à avoir des amis de confiance que je puisse aimer. J'ai obtenu presque tout cela, sans jamais connaître le bonheur que ces choses étaient censées m'apporter. Il ne m'est jamais venu à l'esprit que je me trompais, qu'en cherchant le bonheur hors de moi, je faisais fausse route. Je n'avais absolument pas conscience de souffrir d'un état de privation spirituelle que je m'imposais à moi-même, (je sais maintenant que cet état de privation spirituelle ne m'est pas particulier, car chaun est à la recherche de l'immuable et de l'éternel qu'il peut trouver en lui). Je ne voyais pas que l'amour, la joie et la paix de l'esprit que je cherchais hors de moi existaient en abondance en moi. Seule la peur, que j'avais créée moi-même, les cachait à ma conscience. Sans le savoir, j'avais peur de l'amour, de ne pas en être digne et d'être condamné à la solitude et à la séparation.

En 1975, ma vision du monde a commencé à changer. Jusque-là, je m'étais considéré comme un athée militant et rien ne m'intéressait moins que de m'engager sur une voie spirituelle menant à Dieu. Cette année–là, j'ai découvert trois livres qui constituent un enseignement de transformation spirituelle, sous le titre de *Cours sur les miracles*.

Ce cours éveilla tout de suite des résistances en moi. Je n'en aimais pas le titre et je trouvais la taille et le poids (1,5 kg) des livres à la fois décourageants et intimidants. Cependant, après avoir lu une seule page. Dieu envahit brusquement ma mémoire, j'étais en communication avec le reste du monde et j'eus le sentiment profond d'être au service de Dieu.

A cause de mes origines juives, cependant, plus j'avançais dans le *Cours*, moins j'acceptais sa terminologie chrétienne. Ayant été un athée presque toute ma vie, le mot «Dieu» me dérangeait. Pour me protéger de ma peur et de l'angoisse causée par cette terminologie, je la traduisais par «état de conscience supérieur».

Ce fut passionnant d'entreprendre l'application quotidienne des principes du *Cours* pour me délivrer peu à peu de la culpabilité et de la peur.

Je parlerai plus longuement du *Cours* dans le premier chapitre, mais je voudrais dès à présent exposer ici certains de ses concepts fondamentaux. L'un de ses principes essentiels est: il n'y a que deux émotions, l'amour, notre héritage naturel, et la peur — culpabilité, inventée par notre esprit. (Dans le *Cours*, les mots peur et culpabilité sont inséparables et ne peuvent exister l'un sans l'autre. La culpabilité renforce la peur, et réciproquement.) Le but du *Cours*, et de ce livre, est de nous aider à choisir l'une de ces deux émotions.

Il suffit de voir les autres non comme des agresseurs, mais plutôt comme des êtres empreints ou privés d'amour.

Au cours de mon voyage spirituel, il m'est apparu qu'il existe plusieurs chemins menant à Dieu. J'ai choisi ce *Cours*. Il énonce les principes universels de l'amour et du pardon, mais il n'est pas cependant destiné — ni ne convient — à tous. Ce livre, ainsi que le *Cours*, s'appuie sur trois concepts déterminants pour obtenir la guérison de nos relations :

— se libérer, par le pardon, de la culpabilité et de la peur,

— se fixer pour seul objectif la paix de l'esprit,

— apprendre à suivre les directives de notre voix intérieure.

Depuis que je me suis engagé sur cette voie spirituelle en 1975, on me demande souvent d'expliquer la différence entre ce que je suis maintenant et ce que j'étais. Ce n'est pas facile, sans renforcer les distorsions de mon ego. Voici ce que je dis: bien que je connaisse encore la colère, la tristesse, les sentiments d'inutilité et d'impuissance, je n'en reste plus prisonnier pendant des périodes interminables comme par le passé. Je suis, semble-t-il, plus souvent capable d'être responsable de ce que je ressens ou vois, sans accorder de valeur à la souffrance et à la douleur.

Mon plus grand obstacle, qui est, j'imagine, celui de la plupart des gens qui deviennent spirituellement plus vivants, est ma personnalité, le moi, l'ego qui veut contrôler et prédire. Cet ego ne veut pas se rendre et considère la paix de Dieu comme son ennemi et le conflit comme son ami.

Je suis de plus en plus heureux de ce que je suis, de plus en plus en harmonie avec autrui, de plus en plus conscient de l'importance d'être serein, de dévouer tous mes besoins à cette voix intérieure d'amour et de ressentir la paix et l'amour de Dieu.

Je choisis maintenant plus volontiers la paix au lieu du conflit. Lorsque j'oublie ces principes, je m'égare. Notre ego est comparable à un programme de télévision qui passe sans cesse de vieux films. Nous les avons déjà vus, nous en savons le début et la fin et pourtant, notre ego essaye de créer l'illusion qu'ils sont flambant neufs.

Ils mettent souvent en scène des besoins inassouvis de notre passé et des désirs fantasmés de notre futur. Ils nous gardent si préoccupés par le passé et le futur que nous sommes incapables de sortir de notre état de somnolence rêveuse afin de découvrir la joie qu'il est possible de trouver dans le moment présent.

Le script a été écrit, produit, mis en scène et joué par notre ego; notre ego se dissocie ensuite de tous ces rôles. Des scènes d'attaque, de meurtre et de violence de toutes sortes apparaissent sur l'écran, mais notre ego essaye de nous faire croire que nous sommes seulement des spectateurs passifs de cette violence et non pas ses auteurs.

Guérir ses relations, c'est apprendre à arrêter le film d'horreur qui se déroule dans notre esprit et qui semble si réel. Dans ce livre, je me suis efforcé de partager avec vous ce que j'ai appris tout au long de ce voyage spirituel et de vous parler des gens que j'ai rencontrés et qui sont devenus mes maîtres. La première partie développe les principes spirituels de base, utiles pour avoir une autre vision du monde. La seconde partie nous montre comment appliquer ces leçons. J'y commente le plus simplement possible un principe spirituel, puis vous montre son application pratique à partir d'un ou plusieurs exemples.

N'oublions pas que les relations guérissent lorsque nous laissons le pardon effacer toute notre culpabilité, nos sentiments de peur et nos pensées de séparation. Pendant que nous cheminons ensemble, dans ce livre et dans la vie, soyons les uns pour les autres les preuves vivantes de la délivrance de la culpabilité, de l'éveil à la présence de l'amour de Dieu et de l'état naturel de bonheur.

«Ceux qui sont sans culpabilité sont sans peur, car ils sont en sécurité et le savent»

CHAPITRE I

VUE D'ENSEMBLE

Je voudrais vous donner une idée générale de la philosophie du *Cours sur les miracles*, sur laquelle s'appuie ce livre. Le *Cours sur les miracles* est un programme d'étude pour une transformation spirituelle personnelle. Il met l'accent sur la nécessité de nous référer à notre maître intérieur pour nous guider sans en chercher d'autres, à l'extérieur. Le *Cours* se compose d'un texte présentant les concepts de ce système de pensée, d'un manuel pour les étudiants renfermant 365 leçons (une pour chaque jour de l'année), destiné à l'application pratique des principes dans la vie quotidienne et d'un manuel pour les enseignants, écrit sous forme de questions-réponses, pour clarifier la terminologie et certains points du *Cours*.

Le *Cours* n'est pas une religion, mais un enseignement spirituel. Il utilise la terminologie chrétienne, mais il est de nature œcuménique. Il affirme que «une théologie universelle est impossible, mais qu'une expérience universelle est non seulement possible, mais nécessaire». Il insiste sur l'application pratique. Les étudiants sont incités à vivre et à démontrer dans leur vie quotidienne les principes spirituels de pardon et de don par amour.

Le *Cours* a pour but de nous conduire du monde de l'ego au monde de l'amour. Lorsque nous sommes prisonniers du monde de l'ego, qui est le monde de la perception, nous sommes comme prisonniers d'un rêve. Nous avons besoin d'aide pour nous éveiller car ce que nos sens nous révèlent renforce plutôt notre croyance dans la réalité du rêve.

Il ne faut pas s'indentifier à l'ego et se croire limité aux frontières des perceptions physiques afin de pouvoir prendre conscience de la seule réalité: le moi spirituel.

Tant que nous ne lançons pas un défi à la réalité de notre ego, nous continuerons à traverser la vie, coupables, isolés et effrayés, plus soucieux de prendre que de donner. Nous formulons des jugements négatifs, nous condamnant nous-mêmes et les autres. Guidés par l'ego, nous laissons la culpabilité et la peur guider nos existences; nous sommes voués au conflit et nous pouvons prévoir que notre «réalité» sera détruite par la maladie et la mort. En nous détachant de notre ego, il nous devient possible de corriger nos perceptions et d'entrer ainsi dans le monde de l'amour.

Comme un nuage cachant le soleil, la culpabilité et la peur que nous portons en nous dissimulent notre capacité à connaître la présence de l'amour qui ne nous a jamais quittés. Nous sommes tous des miracles de l'amour, mais nous sommes aveugles à cette vérité. On peut définir un miracle comme un changement de perception effaçant la peur et la culpabilité.

J'aimerais vous faire partager quelques citations du *Cours* qui constituent les thèmes de base de la philosophie exprimée dans ce livre.

«Quand tu te sens coupable, ton ego domine, car seul l'ego connaît la culpabilité.»

«Seul ton esprit peut engendrer la peur.»

«Seules mes pensées peuvent me blesser.»

«L'amour n'a pas de rancune.»

«Je n'aurai pas peur de l'amour aujourd'hui.»

«L'amour et la culpabilité ne peuvent pas coexister, accepter l'une, c'est nier l'autre.»

«T'aimer toi-même c'est te guérir.»

«Toute guérison est la délivrance du passé.»

«Pardonner est mon rôle en tant que lumière du monde.»

«Seul ma propre condamnation me blesse. Seul mon propre pardon me délivre.»

«Le pardon met un point au rêve de conflit.»

GUERISON DES ATTITUDES

Etant donné l'effet profond du *Cours* sur ma vie, j'ai décidé d'appliquer ces principes dans mon travail avec des enfants atteints de maladies graves. En 1975, mon guide intérieur m'incita à créer le Centre de guérison des attitudes à Tiburon, en Californie, pour effectuer ce travail.*

A l'époque où j'aidais à fonder ce centre, j'assimilais la mort de mon corps à la fin de ma vie et le caractère inévitable de ma mort m'affectait terrible-

* Le *Cours* lui-même n'est pas utilisé au Centre et il n'est demandé à personne de l'étudier. Le personnel est toutefois censé adopter et appliquer les principes de guérison des attitudes qui constituent des vérités spirituelles universelles, non sectaires.

ment. Je travaillais avec des enfants et des adultes qui devaient envisager la possibilité de leur propre mort. Je les considérais comme mes maîtres; cela me donna l'occasion merveilleuse de guérir mes propres attitudes vis-à-vis de la mort.

En plus de nos programmes pour enfants et adultes atteints de maladies incurables, nous avons récemment établi un programme pour les enfants dont les parents sont atteints de maladies graves. Nous avons aussi un programme de «personne à personne» où les gens se réunissent pour seulement deux raisons: apprendre à renoncer à leur jugement et pratiquer le pardon. Les concepts utilisés au Centre sont susceptibles d'application pratique très large et nous avons introduit les principes de la guérison des attitudes dans des maisons de retraite, des institutions médicales et pédagogiques, ainsi que dans les milieux d'affaires et gouvernementaux. Notre centre n'offre aucun traitement: il a une fonction éducative suppléant la structure médicale. La santé, c'est la paix intérieure et la guérison, l'abandon de la peur.

Rien venant de l'extérieur ne peut nous bouleverser; seules nos pensées et attitudes peuvent le faire.

L'abandon de nos pensées passées de culpabilité, de peur et l'abandon de nos jugements de condamnation est ce que nous appelons «guérison des attitudes». La guérison des attitudes s'occupe seulement du changement des pensées de notre propre esprit. Elle ne vise pas au changement des situations ou des gens de notre vie.

Au Centre, nous essayons de créer une ambiance d'amour inconditionnel afin d'apprendre à reconnaître la personne des autres et à ne pas les juger toujours sur leurs fautes. Nous croyons que donner et recevoir sont une seule et même chose et, par conséquent, qu'en aidant les autres, nous nous aidons nous-mêmes. Ce principe implique qu'il n'y a pas de séparation — que nos esprits sont unis. Le moment présent est le seul qui soit, son unique but est de donner l'amour et d'effacer les pensées négatives de notre passé. Au Centre, chacun est considéré à la fois comme un maître et comme un élève.

Il y a aujourd'hui environ trente-cinq centres au Etats-Unis et dans d'autres pays du monde. Le plus grand cadeau que nous ayons reçu, qui est à la base de la guérison des attitudes, est peut-être le sens de notre propre pouvoir qui nous rend libres de choisir nos pensées.

Nous n'avons pas besoin d'être menacés par une maladie pour appliquer ces principes dans notre vie quotidienne. Nous avons tous des relations à guérir et nous pouvons nous libérer des chaînes du passé en prenant conscience de notre amour intérieur infini. Cet attachement à notre culpabilité et à tous les plaisirs égoïstes de la vie — et d'oublier que la PAIX... PAIX... PAIX... dans le monde — est réellement le problème primordial.

La condition première pour guérir nos relations, c'est de trouver notre paix intérieure, puis de l'étendre à tous. Lorsque chacun aura guéri ses relations par l'amour et le pardon — la tâche la plus importante de sa vie — la paix s'installera inévitablement dans le monde.

«C'est seulement la culpabilité qui t'attache au passé.»

CHAPITRE II

CE QUE JE CROYAIS

Autrefois, le monde me paraissait agressif, je me sentais traqué même par mes parents. Pour eux, je n'allais jamais assez vite. Il fallait me dépêcher, ce que je fis longtemps, sans savoir si je fuyais ou cherchais quelque chose.

Avec le recul, je suis convaincu d'avoir passé la plus grande partie de mon temps à me battre avec moi-même ou à essayer de me fuir. Enfant, j'étais maladroit, hyperactif, j'ai eu d'énormes problèmes pour apprendre à lire et à écrire. En classe, j'étais incapable de donner satisfaction à mes professeurs et à mes parents; j'étais un perdant, avec pour message: «je ne peux rien réussir». Dans un monde où l'amour reçu dépend de vos performances, mon incapacité impliquait que je n'étais pas digne d'amour.

Je découvris toutefois que plus je me culpabilisais plus les autres l'appréciaient. Ce devint une habitude et ma culpabilité s'accrut au-delà de toute mesure.

Me considérant comme un citoyen de seconde classe, je m'appliquais à être un pessimiste de première classe — je me sentais capable de réussir du moins dans ce domaine.

J'offrais aux autres ce qu'ils attendaient de moi: ma négativité. Je me donnais tort pour qu'ils aient raison. J'en retirais un curieux sentiment de puissance. Je ne réussissais pas à me faire aimer, mais je devins très habile pour susciter la colère des gens, ce qui renforçait ma conviction d'être en contrôle d'au moins une chose: je démontrais, de manière convaincante, ma nullité. J'ai traîné ce complexe d'enfant apeuré et traqué jusque dans ma vie d'adulte.

Je développais en outre toutes sortes de peurs: peur de la mort, de la vie, de l'amour, du plaisir, du bonheur, du succès, de l'échec, de l'intimité dans toute relation, du manque de confiance en moi-même et dans les autres, la peur du vide et de l'eau.

J'appris à porter une multitude de masques pour cacher mes vrais sentiments. J'utilisai ces masques pour empêcher les gens de m'approcher de trop près et pour les manipuler et les contrôler, même lorsque j'agissais à l'évidence contre mon propre intérêt. J'avais peur d'être reconnu et détruit si j'enlevais mes masques. Je devins ainsi très agressif — cherchant à acquérir toujours plus, mais vivant aussi dans la peur de perdre ce que j'avais déjà.

Le monde me paraissait de plus en plus effrayant. Pourtant, je tenais bon, espérant trouver quelques instants de plaisir afin de compenser des heures interminables d'insécurité et de souffrances. Même en m'adaptant de mon mieux, je m'attendais toujours au pire. Je vivais dans un état de conflit permanent, craignant la mort tout en la désirant pour être délivré.

En ce temps-là, j'étais persuadé que ces sentiments n'appartenaient qu'à moi. A présent, j'en suis convaincu, tout le monde les connaît plus ou moins. Leur forme et leur intensité varient selon les individus.

Je viens de décrire un monde déprimant où la peur et la culpabilité règnent, où le malheur est inévitable, où les mauvaises expériences se répètent, où les relations sont difficiles et éphémères. C'est un monde de jugement, de rancune et de punition où l'autre est coupable et source de problèmes.

Le manque d'amour rend le monde instable et gravement malade, voué à la destruction par le sentiment d'impuissance qu'il génère. La paix en est absente. Un simple déclic suffirait pour qu'il explose.

Ma réalité, c'était ce que je croyais. En empruntant cette voie spirituelle, je compris, comme bien d'autres avant moi, qu'il y a deux façons de voir le monde, basées sur les conceptions de la cause et de l'effet, de la vérité et de l'illusion, de la vie et de la mort.

Ces deux conceptions, ou systèmes de pensées, sont d'une part l'ego, source d'erreurs, impliquant la séparation, la culpabilité, la peur, l'agression et des relations malades; et, d'autre part, l'amour qui, inconditionnel, entraîne la communion, la paix, le bonheur et les relations harmonieuses. Il est issu de l'amour de Dieu et puise sa force dans le pardon.

De prime abord, la majorité d'entre nous sera très tentée de considérer le système de croyance de l'amour comme une utopie. Au contraire, le système de croyance de l'ego semble représenter le monde réel dans lequel nous vivons. Beaucoup d'entre nous se croiraient menacés si on leur demandait de changer leurs conceptions afin d'être plus heureux.

Puis-je vous proposer, avant de terminer ce chapitre et d'aborder les suivants, de marquer une pause? Essayez, pendant quelques instants seulement, d'abandonner toutes les connaissances que vous pensez posséder, toutes vos idées sur ce qui est réel et ce qui ne l'est pas, sur ce que vous êtes, ce que vous faites ici, toutes les valeurs auxquelles vous tenez, bonnes ou mauvaises. Voudriez-vous maintenant ouvrir votre esprit, non pas nécessairement pour croire, mais pour envisager une autre possibilité? La façon dont nous avons perçu le monde ne serait-elle pas un simple rêve que nous aurions inventé pour nous fermer à la mémoire de l'amour et d'un Dieu aimant ?

«Car l'ego croit réellement pouvoir obtenir
et garder en rendant les autres coupables.»

CHAPITRE III

L'EGO ET SON SYSTEME DE CROYANCE

Considérons la possibilité suivante: nous avons créé le système de croyance de l'ego fondé sur la peur et la culpabilité parce que nous nous croyions séparés de Dieu. Séparation impossible, mais qui, selon l'ego, semble réelle et nous rend coupables et punissables par un Dieu vengeur.

Le but du système de pensée de l'ego est d'occulter le souvenir de Dieu dans notre conscience en renforçant nos sentiments de culpabilité et de peur. Il doit donc détruire la réalité de l'amour et lui substituer l'illusion de la culpabilité et de la peur.

L'EGO CONTRE DIEU

L'attitude de l'ego envers Dieu est incohérente. Il peut voir Dieu comme un être surnaturel, situé au-delà de notre compréhension, qui aime et récompense les bons, et punit les méchants ou les pécheurs. Il peut aussi mettre en doute ou même nier l'existence de Dieu qui est une menace pour lui. Comme beaucoup d'autres, je me suis conduit en coupable attendant la punition et j'ai rejeté ma foi en Dieu et mon éducation religieuse qui se sont révélées inutiles aux cours d'expériences douloureuses.

L'ego peut être défini comme le corps/personnalité ou moi inférieur. C'est une partie séparée de notre entité divine.

La devise de l'ego c'est : «cherche, mais ne trouve pas». Il juge, agresse et leurre. Il veut tout contrôler et se pose en détenteur de la vérité. Il dépense une quantité d'énergie considérable à essayer de prédire l'avenir à partir de nos expériences passées. Il veut nous convaincre que la personnalité de notre entité physique est issue d'un monde absurde où nous sommes à la merci des événements et des situations. Il se fonde sur le doute, l'incertitude, la complexité et la confusion.

Le monde de l'ego est un monde de plaisir/douleur où la douleur prime le plaisir. Selon lui, si nous ne sommes pas effrayés par le passé ou angoissés par le futur, le monde s'écroulera. Il joue le jeu de la séparation; il s'agit donc de penser à soi d'abord, de s'appliquer à obtenir et à garder le peu que l'on possède, de mettre la jalousie, la possessivité et le refus des autres au centre de son existence. L'ego se persuade que c'est lui — et non Dieu — qui dirige et règne sur l'univers.

L'IDENTIFICATION A L'EGO

Nòtre identité, telle qu'elle est définie par l'ego, se limite aux cinq sens: l'ouïe, la vue, le toucher, l'odorat et le goût. Elle repose sur l'évaluation et l'interprétation des messages que ces sens envoient à notre cerveau. Il s'agit d'une identité limitée reposant sur les expériences du passé, s'étendant jusqu'au présent et se projetant dans le futur. Ainsi, l'identité de Jerry Jampolsky se réduit à son corps, son esprit et son cerveau, qui sont séparés de ceux des autres. Vu par l'ego, mon identité dépend des opinions et des jugements des autres sur moi, ainsi que de mes propres opinions et jugements sur moi-même. Mon identité présente est simplement conçue comme une extension de mon passé.

Le poème qui suit m'a été envoyé récemment par Saskia Davis et illustre avec humour notre identification à l'ego :

FOU RIRE COSMIQUE

Regardez-moi,
Le grand faiseur de Vie !
Quelle drôle de chose j'ai faite !
Je me suis créé moi-même;
Bien ficelé dans un corps-paquet-cadeau
Et livré à ce très étrange domicile terrestre
(Que j'ai, bien sûr, aussi créé).

Et j'étais là
Et qu'ai-je fait ?
J'ai joué à un jeu.
Prétendant ne pas pouvoir choisir,
Sans pouvoir, ni volonté,
Prétendant être faible
Et séparé de toutes les autres parties de Moi.
Prétendant dépendre
De petites circonstances bizarres
Créées uniquement
Pour les besoins du jeu.
Et, le plus drôle, et bien, (hi-hi, ho-ho, hi-hi)
J'ai feint de ne pas feindre.
J'ai feint si intensément
Que j'ai fini par me prendre au sérieux.

J'ai donc joué et joué,
Oubliant qui j'étais vraiment.
J'ai jugé : le "bien" et le "mal",
Et le "juste" et le "faux"
Et le "mien" et le "tien".
Parfois je me suis battu contre moi-même.
"Il n'y a pas assez pour moi", pleurais-je,
"Alors donne-moi ce qui est à toi".

Oh, je suis devenu sérieux !
Tout semble si réel.
Sans pouvoir, sans choix, sans volonté,
Mais faible et séparé,
Comme c'était exaltant !

Le mystère de se demander
Si peut-être, seulement peut-être,
Même par accident,
Je pourrais avoir un petit désir à moi,
Et cette grande vague de découragement
Qui déferla sur moi lorsque je m'aperçus
Qu'avec toutes ces petites règles du jeu,
Il n'y avait évidemment aucun espoir.

Oh la la.

Et ma plus grande peur,
(Comme elle m'amuse, maintenant !)
Etait d'abandonner ce jeu stupide,
Car alors, je craignais de cesser d'exister.
J'ai cru (hi-hi, ho-ho, hi-hi)
J'ai cru qu'il ne resterait plus rien de moi !

Saskia Davis

LA VERITE SELON L'EGO

Dans le système de pensée de l'ego, la vérité change sans cesse parce qu'elle est toujours relative. Ce que croit la majorité des gens détermine la vérité.

Par exemple, si un médecin diagnostiquait il y a dix ans une hypertension, la personne devait prendre des médicaments pour le restant de sa vie. Il s'agissait d'un fait médical, d'une vérité indiscutable.

Mais le bio-feedback nous a montré que nous pouvons apprendre à contrôler notre système nerveux autonome et, avec l'accord de leur médecin, beaucoup de gens cessent de prendre des médicaments pour la tension. En découvrant qu'ils peuvent faire baisser leur tension, ils reconnaissent aussi qu'ils sont responsables de leur réaction au stress. De l'admettre leur permet souvent de comprendre la cause première de leur trouble: leur propre perception et interprétation du stress.

Cet exemple illustre la versatilité de la «vérité» qui dépend de l'interprétation de la perception des différentes informations.

RELATION PRIVILEGIEE AMOUR CONDITIONNEL

Le système de pensée de l'ego se révèle particulièrement dans les relations que nous considérons comme très intimes ou privilégiées. Elles reposent sur une croyance: il nous manque quelque chose que seuls les autres peuvent nous apporter et, tant que nous ne l'obtenons pas d'eux, nous demeurons insatisfaits et malheureux. De telles relations privilégiées sont nécessairement fondées sur la culpabilité et le manque de confiance. Pour l'ego, les autres servent à combler nos besoins et, par conséquent, nous ne pouvons pas avoir une perception juste de nous-mêmes et des autres.

Cette rencontre mutuelle de besoins, l'ego l'appelle «amour». Il est important de souligner que ce genre d'«amour» est toujours conditionnel et exclusif. A l'inverse de l'amour inconditionnel, qui est inclusif et repose sur l'acceptation totale de soi-même et des autres. Ce que nous appelons amour dans nos vies est principalement de l'amour conditionnel, fondé sur le donnant-donnant et le marchandage.

"Si" est le mot clé de l'amour conditionnel: je t'aimerais *si* tu agis comme je le souhaite... *si* tu obtiens de meilleures notes à l'école… *si* tu rentres du travail à l'heure… *si* tu n'oublies pas mon anniversaire… *si* tu me témoignes plus d'affection et deviens un partenaire sexuel plus actif… *si* tu arrêtes de fumer… *si* tu maigris… *si* tu cesses de te plaindre, etc.. Si l'autre nous donne ce que nous voulons, ou change pour satisfaire à nos besoins, nous sommes heureux. Si ces conditions ne sont pas remplies, nous sommes contrariés et frustrés, ce qui peut engendrer la colère et la haine.

Les relations reposant sur l'amour conditionnel sont en réalité des relations d'amour/haine.

Ma chère amie, l'écrivain Joan Walsh Anglund, m'a récemment envoyé quelques pensées sur le désir et sa relation à l'amour conditionnel:

Par ce que nous attendons de quelqu'un,
Et uniquement pour cela, nous souffrirons,
Car le désir apporte la souffrance

Et l'amour apporte la joie.

*«Quand tu te sens coupable, l'ego commande,
car seul l'ego peut faire l'expérience
de la culpabilité.»*

CHAPITRE IV

L'EGO EST ATTIRE PAR LA CULPABILITE

Pour comprendre clairement l'attirance de l'ego pour la culpabilité, nous devons d'abord parler de la nature de la perception. En effet, notre façon de voir le monde détermine nos réactions vis-à-vis de lui. L'interprétation et l'évaluation de nos sens déterminent notre perception selon nos besoins individuels, souhaits, expériences et croyances présentes.

Nous sommes tentés de considérer nos perceptions comme des photographies du monde extérieur, qui sont en fait des projections de pensées nées dans nos propres esprits. Dans la mesure où nous regardons d'abord en nous avant de regarder au-dehors, c'est notre propre état d'esprit que nous voyons se refléter à l'extérieur.

Nos perceptions constituent un choix (même si nous n'en avons pas conscience) et non un fait, les interprétations variées que les gens donnent des événements quotidiens de leur vie le prouvent. Si dix personnes sont témoins d'un accident, par exemple, il est rare de trouver plus de deux témoignages identiques. Les perceptions étant fragmentées, nous ne voyons que des petits bouts de chaque situation et non pas l'ensemble. Nombre de difficultés et de désaccords qui nous opposent aux autres s'expliquent par la nature très individualisée de nos perceptions.

PRENDRE DES DECISIONS

On ne peut pas vivre dans ce monde sans prendre de décisions et, pour ce faire, nous devons écouter et suivre l'une de ces deux voies: celle de l'ego, qui parle au nom de nos perceptions changeantes, ou celle de l'amour — la voie de Dieu. Notre ego fait défiler en continu des images mentales basées sur nos perceptions passées de culpabilité et de peur qui déterminent nos besoins actuels.

Notre ego veut nous faire croire que chaque jour, nous prenons de nouvelles décisions. Sa voix dit: «je veux ce que je veux tout de suite». Ou, à un autre niveau: «attention, tu es vulnérable et toutes les expériences douloureuses du passé vont se répéter».

Lorsque nous écoutons la voix de l'ego, nos décisions nous sont fréquemment inspirées par des jugements et des interprétations issus d'expériences passées. Pour survivre, l'ego nous dit de chercher la culpabilité chez les autres ou en nous-mêmes ce qui détermine nos décisions. Cette attirance de l'ego pour la culpabilité entraîne la peur de l'amour et nous rend de plus en plus peureux et privés d'amour. Ne nous étonnons pas de ne pas trouver de solutions durables à nos problèmes.

PROJECTIONS

Quand nous percevons les autres par les yeux de la culpabilité, nous opérons une projection. La projection est un mécanisme par lequel nous déclinons notre responsabilité par rapport à une pensée ou un sentiment en l'extériorisant vers quelqu'un. La culpabilité par exemple rend quelqu'un d'autre responsable. Ce «quelqu'un» peut être notre épouse, notre associé, un parent, un enfant, notre président, l'inspecteur des impôts ou toute autre personne qui semble jouer un rôle dans nos vies. Nous nous persuadons que si seulement ils s'étaient comportés différemment, nous ne serions pas en difficulté.

CULPABILITE

La culpabilité est le sentiment d'autocondamnation que nous éprouvons après avoir commis une action qui nous paraît mauvaise. Il est impossible d'éprouver de la culpabilité sans anticiper une punition pour nous-mêmes ou, si la culpabilité est projetée, pour les autres. Même si nous n'en sommes pas conscients, l'origine sous-jacente de notre culpabilité fondamentale est toujours la croyance que nous avons «péché» et la peur que Dieu nous punisse pour notre indignité. Ces sentiments négatifs nous empêchent de connaître la paix et la présence de Dieu.

Il s'agit d'un fait psychologique : si nous nous attachons à la culpabilité, nous allons essayer de la maîtriser, soit par une auto-agression (ce qui s'exprime fréquemment par des symptômes de dépression ou de maladie physique), soit en la projetant sur les autres. L'ego nous dissuade d'être responsables de nos erreurs pour éviter à la culpabilité et à la punition de disparaître au profit de la correction. Par exemple, si nous avons le sentiment d'avoir offensé quelqu'un, nous pouvons corriger notre erreur en nous excusant directement auprès de cette personne.

UN JEU: «QUI EST COUPABLE ET QUI EST INNOCENT ?»

Le jeu «qui est coupable et qui est innocent?» se

déroule dans la plupart des mariages et dans d'autres formes de relation. Une personne jette la «balle» de la culpabilité à son épouse, son partenaire, son collègue ou son amie. L'autre peut soit l'attraper et la garder, soit la renvoyer. Le plus souvent, l'autre la renvoie et le jeu commence. Les deux ne peuvent gagner qu'en cessant de jouer. Nous ne pouvons pas faire de place à l'amour tant que nous renonçons à garder «la balle de la culpabilité» .

LES EFFETS DE LA CULPABILITE

Il y a quelques semaines, au cours d'une conversation, un ami intime me rappela quelques moments désagréables de culpabilité de mon passé. Durant les vingt-quatre heures qui suivirent, ces souvenirs de culpabilité m'envahirent et me paralysèrent tellement que j'avais l'impression d'être sous l'influence d'une drogue.

Les effets de la culpabilité se comparent d'ailleurs tout à fait à un abus de somnifères, d'alcool ou de soleil. Mon cerveau et mon corps me semblaient paralysés et je me sentais pris dans un étau sans espoir d'en sortir.

Si nous entretenons la culpabilité, nous sommes sûrs de:

1. nous sentir agressés;

2. justifier notre colère à l'égard de nous-mêmes ou de quelqu'un d'autre;

3. détruire notre propre estime et notre confiance;

4. nous sentir déprimés, vains et vides;

5. détruire notre sentiment de paix intérieure;

6. nous sentir mal aimés.

Il n'est pas excessif de considérer la culpabilité comme un poison endogène que nous nous administrons fréquemment. Elle constitue l'outil le plus efficace de l'ego pour nous maintenir à coup sûr enchaînés à notre passé et, par conséquent, incapables de reconnaître les occasions de délivrance que nous offre le présent. Il n'existe qu'un antidote connu à la culpabilité: le pardon total, qui commence par nous-mêmes et s'étend à tous ceux qui partagent le monde avec nous.

LE PARDON

Le regard de l'ego sur le pardon est celui d'un esprit divisé; il nous conseille de pardonner, «mais sans oublier». Il nous dit: «ne pardonne pas complètement; n'oublie pas le passé sinon tu deviendras vulnérable». Il ne cesse de justifier ses jugements condamnateurs dans la mesure où sa survie dépend de la réalité de la culpabilité et non de celle du pardon.

L'ego nous incite à pratiquer le «pseudo-pardon». Il dit en effet : «je peux te pardonner parce que je suis supérieur à toi. De ce fait, je vais nier ma colère et la réprimer, au lieu de soutenir mon désir de te tuer, ce que tu mérites en réalité». Ce pseudo-pardon ne fait que renforcer la culpabilité, parce qu'il s'agit d'un message double qui accentue la séparation non guérie entre l'«innocent» et le «coupable».

A l'opposé, la guérison et la liberté apportées par le vrai pardon apparaissent clairement dans cet extrait de lettre que j'ai reçue récemment:

«Lorsque je réussis réellement à accepter et à pardonner quelque chose, j'en suis délivrée. Alors, l'amour, ma véritable identité, peut se répandre. Il représente l'unité et la complétude. Il guérit la séparation, le sentiment de manque, de perte et de douleur.
Mon erreur, c'est de me persuader que la vérité tient dans mes pensées, mes sentiments ou expériences que je poursuis ou fuis. Le conflit moral m'éloigne de la communion et me rend mal à l'aise. J'ai besoin de me rappeler qu'il y a un seul but. Je dois être disposée à tout accepter, tout pardonner et tout aimer, à dire oui à tout afin de connaître cette entité parfaite que je suis.»

UN REVE DE PARDON

Les rêves se révèlent souvent très utiles pour nous renseigner sur notre culpabilité. Il y a quelques années, un rêve me permit de me délivrer de certains de mes sentiments de culpabilité.

Dans ce rêve, j'étais un géant habillé en footballeur, couvert de boue, parce que j'avais joué sur un terrain détrempé par la pluie. Je me trouvais dans une immense salle de douche sombre. Sous la douche, la boue commença à se dissoudre et je me mis à rapetisser. Plus mon corps devenait petit, plus la lumière entrait dans la pièce. Je m'évanouis finalement dans le néant et une belle lumière blanche, comme je n'en avais jamais vu emplit toute la pièce. Comme j'avais beaucoup travaillé pour me pardonner moi-même et abandonner ma culpabilité, j'interprétai la boue du rêve comme ma culpabilité, l'eau de la douche étant le pardon et la lumière représentant l'amour.

Je m'aperçois que je ne peux être vraiment en paix et heureux que si je reste dans le présent en faisant de mon mieux pour que chacune de mes pensées et mon souffle même soient de pardon. Cet effort de vigilance me montre que le pardon est la clef pour voir le monde différemment; il est la clef du bonheur qui nous offre tout ce dont nous avons besoin. C'est un processus de lâcher-prise qui délivre du passé, corrige nos perceptions erronées et arrête la roue de la culpabilité.

«L'amour est le chemin où j'avance dans la gratitude.»

CHAPITRE V

LE SYSTEME DE CROYANCE DE L'AMOUR

Au niveau superficiel de mon ego, j'entends toujours le bavardage entretenu par mes doutes et mes incertitudes, mais au fond de mon cœur, je sais que l'amour de Dieu est la réponse à tous les problèmes. Quand je m'autorise à faire l'expérience de l'amour de Dieu — et à répandre autour de moi Son amour inconditionnel — je me sens bien et en paix. Quand je fais l'expérience de la peur, je me sens mal, assailli de doutes, d'incertitudes et de soucis; et je me sens mal aimé et incapable d'aimer.

Après avoir cherché dans tant de directions et de lieux différents, il est merveilleux pour moi de connaître enfin mon but et la façon de l'atteindre. Je trébuche chaque jour, je tombe; j'ai parfois même l'impression de reculer, mais je ne peux plus revenir en arrière, je le sais. Bien que ma pratique spirituelle soit loin d'être cohérente, je sais que Dieu dirige ma vie et que la paix de Dieu est mon but.

Quand je cède à la tentation de former des jugements condamnatoires, ma paix d'esprit disparaît. Quand je suis capable de résister à la tentation de juger les autres, je réussis à les voir comme des maîtres du pardon.

L'amour montre le chemin de la confiance et de la foi en l'amour de Dieu pour résoudre toutes nos difficultés et incompréhensions. Vivre dans l'amour, c'est être un éternel optimiste (et ma définition préférée des optimistes est: ceux qui ne voient pas les nuages parce qu'ils marchent dessus). C'est croire qu'il n'y a pas de hasard, ni de coïncidences, et que tout nous arrive selon le plan de Dieu et nous fournit la leçon qu'Il veut nous voir apprendre. L'un de mes amis m'a récemment montré la différence entre un miracle et une coïncidence. Il a dit: «une coïncidence est un miracle dans lequel Dieu souhaite rester anonyme».

Vivre dans l'amour, c'est vivre dans la liberté de la simplicité. C'est faire de nos vies la démonstration de la force qui nous vient lorsque nous cessons de nous défendre. La véritable humilité et la soumission n'existent que si Dieu nous dirige.

En 1982, nous avons eu, mon fils Lee et moi, le privilège de voyager et de passer un certain temps avec mère Teresa en Inde tandis qu'elle donnait des conférences dans plusieurs villages. Lee lui a demandé quelles dispositions elle considérait comme les plus importantes pour servir et aider les autres. Elle a aussitôt répondu: «l'humilité et la soumission».

Teresa nous a aussi raconté une histoire d'amour et de gratitude à propos d'une Indienne et de ses huit enfants qui mouraient de faim. Informée de leur misère, elle alla les visiter et leur apporta un bol de nourriture. Après l'avoir remerciée, l'Indienne prit la moitié de cette nourriture et quitta brusquement la maison. A son retour, elle partagea la moitié restante avec ses huit enfants. Etonnée, Teresa lui demanda ce qu'elle avait fait de l'autre moitié de la nourriture. Elle lui répondit: «j'ai une voisine, mère de huit enfants elle aussi, qui meurt de faim. Pour que ma propre famille se sente bénie par le don de l'amour de Dieu il fallait partager la nourriture que vous nous avez donnée».

Imaginons un moment ce que serait la vie si nous éprouvions constamment une confiance et une foi totale en l'amour de Dieu. Le résultat dépasse, je pense, nos idées les plus folles. Je suis convaincu que nous connaîtrions un état d'esprit dans lequel il n'y aurait que paix, amour et joie.

Je suis étonné de constater combien de gens ne se rappellent pas avoir éprouvé un seul instant de paix et de joie dans leur vie, mais nous pouvons tous imaginer cette expérience, ne serait-ce qu'une seconde. Quand nous choisissons d'accepter le système de pensée de l'amour et de l'appliquer dans nos vies, il nous est seulement demandé de le faire pendant un instant, l'instant présent du «maintenant». Donner l'amour d'une manière totale et entière, l'espace d'une seconde, nous permet d'éprouver un sentiment d'unité et de totalité sans séparation des autres.

Pendant ce moment où amour et don sont sans limite, nous perdons la conscience de l'entité du corps. Sentir la présence de l'amour de Dieu fait de cette seule seconde un instant sacré, une brève incursion dans l'éternité.

Il nous faut cumuler ces instants jusqu'à perdre la conscience du temps pour n'avoir que celle de l'amour.

J'ai fait l'expérience de ces moments intemporels mais, le plus souvent, je dois fournir un effort pour que deux de ces instants se suivent. Dans toutes nos relations, chaque être rencontré nous offre la possibilité de ressentir cet instant sacré, ce moment d'union, sans aucun sentiment de division, de blâme ou de jugement.

L'AMOUR INCONDITIONNEL

Dans le chapitre 3, nous avons défini l'amour inconditionnel comme étant l'acceptation totale de nous-mêmes et d'autrui, sans condition, ni réserve ou limite d'aucune sorte. L'amour inconditionnel ne peut être ressenti que lorsque nous le donnons et ne faisons qu'un avec les autres. L'amour inconditionnel peut se définir comme suit:

— C'est donner notre amour dans sa totalité, sans exclure qui que ce soit.

— C'est aimer et donner sans attendre, sans espérer de l'amour ou autre chose en retour.

— C'est une totale acceptation d'autrui, tel qu'il est, sans tenter de le changer en aucune manière.

— C'est percevoir seulement dans chacun la lumière d'amour.

— C'est avoir le désir d'accepter et de ressentir l'amour de Dieu et d'exprimer notre gratitude en restituant Son amour aux autres.

Il y a quelques années, alors que je donnais des conférences en Nouvelle-Zélande, j'ai eu l'opportunité peu commune d'assister à des funérailles tribales Maori. J'ai appris à cette occasion que la tribu indienne Maori n'avait qu'un seul mot pour exprimer l'amour: Aroha — ce qui littéralement signifie: amour inconditionnel.

J'ai découvert que ces gens savaient aimer et que leur amour n'était ni conditionnel ni limité à leurs familles. Si quelqu'un avait besoin d'aide, quel qu'il fût, elle lui était donnée. Cette merveilleuse expérience m'a montré que ces prétendues barrières qui retiennent l'amour n'existaient pas. Il y avait une abondance d'amour et un pouvoir de communion inépuisables. Il m'est apparu que nous avions beaucoup à apprendre de ces gens qui vivent ce que nombre d'entre nous considère comme un idéal utopique.

Par la pratique de l'amour inconditionnel, nous reconnaissons que donner est recevoir et qu'on ne peut placer sur l'amour aucun jugement de valeur, ni le mesurer. La jalousie, la possessivité et la concurrence sont totalement absentes dans l'offre d'amour inconditionnel.

Voici la lettre d'une femme qui, si elle avait adopté le système de pensées de l'ego, aurait très bien pu se retrouver à jamais irritée, dépressive et malheureuse. Bien qu'elle soit encore en lutte, elle a choisi de pardonner, de ne plus blâmer les autres et elle-même et de vivre une vie de don d'amour. Kathleen est un admirable témoin de ce que sont pardon et amour inconditionnels.

«Cher Docteur Jampolsky,

Le vendredi, un diagnostic révéla que j'étais porteuse du bacille tuberculeux actif. Le samedi, mon mari me quitta définitivement après neuf ans de mariage et neuf mois d'orages continus. Le dimanche, mon père mourut. En y repensant, il aurait suffi que le lundi un de mes enfants meure pour que cette histoire devienne un mélodrame de télévision. Heureusement ce ne fut pas le cas!

Je repris mon métier d'infirmière (après que mon bacille eut cessé de sévir!) et ce furent les malades atteints du cancer et leurs familles qui m'aidèrent à guérir. Un jour je reconnus sur leur visage et dans la profondeur de leurs yeux toute la douleur et le chagrin si fraîchement gravés dans mon âme. Je compris le sens de la mort et le sens de mourir car une partie de moi-même avait à jamais disparu. Ces malades m'ont montré la vie telle que j'avais commencé à la percevoir; ils m'ont permis de les aimer dans l'éternité et ainsi ils m'ont donné la vision de ma dignité intrinsèque.

Au cours de ces sept années, j'ai pu guérir certaines de mes blessures (j'ai franchement pardonné à mon ex-mari et à sa femme et nous partageons nos trois enfants sans difficulté), et j'ai continué à évoluer grâce à de nouvelles relations.

Aujourd'hui, je dirige le personnel soignant dans une maison pour personnes âgées. Beaucoup de gens vont et viennent dans mon bureau. Du fait d'un accord tacite, chacun sait qu'une fois à l'intérieur on peut parler de tout, aussi longtemps qu'on n'avilit pas les autres ou soi-même.

Merci Docteur Jampolsky pour vos encouragements, mais plus encore pour m'avoir invitée à être tout ce que je suis, sans peur.»

Kathleen

Pour tenter de ressentir davantage d'amour inconditionnel dans notre vie, voyons les principes suivants:

COMMENT PEUT-ON ARRIVER A L'AMOUR INCONDITIONNEL?

— En renonçant à notre culpabilité sans la projeter sur les autres.

— En pardonnant et en renonçant au passé, en restant dans le présent et en vivant dans la joie de l'instant présent.

— En n'exigeant rien des autres.

— En résistant à la tentation de juger.

— En confiant tous nos besoins, nos exigences, nos désirs et sensations d'avidité à notre maître intérieur et en laissant la voix de l'amour les transformer dans la plénitude et la complétude.

— En faisant de chaque moment l'occasion d'offrir notre pardon à autrui et de reconnaître en chacun notre maître, nous donnant ainsi la possibilité de pratiquer et d'apprendre les bénéfices du pardon.

— En ressentant l'amour de Dieu et en nous rappelant notre gratitude à Son égard pour la plénitude de Son amour éternel.

— En reconnaissant que lorsque nous acceptons l'amour comme notre identité, nous n'avons d'autres besoins que de propager cet amour à l'infini.

L'ESPRIT DE L'AMOUR/DIEU

L'intellect qui analyse ne peut pas faire l'expérience de Dieu. Seuls nos cœurs en sont capables. L'appréciation instantannée d'un superbe coucher de soleil serait détruite si on nous demandait de l'analyser et de le comparer avec les autres couchers de soleil dont nous avons été témoins. Ainsi nous devons aller au-delà de l'analyse et de l'intellectualisation si nous voulons faire l'expérience de Dieu. Etant amour, Dieu est au-delà des mots qui le définissent et ne peut être pressenti que si nous voulons bien renoncer à notre besoin de classer ou d'évaluer notre expérience. Sentir la présence de Dieu est toujours lié au don d'amour, dans un sentiment d'unité avec l'autre.

Ayant été un athée presque toute ma vie, «Dieu» était pour moi un mot réflexe négatif, une nausée. Quand le mot «Dieu » était prononcé dans une conversation, soit je n'écoutais plus, soit je m'en allais. Je sais maintenant qu'il y a beaucoup de gens comme moi qui ont senti ou qui sentent que Dieu, ou leur religion, les ont déçus, et de ce fait tout le domaine de la spiritualité reste pour eux un point sensible.

Pour ceux d'entre nous qui continuent de se sentir vulnérables dans ce domaine, pardonner ce qui reste de ces perceptions erronées, qui nous viennent de nos croyances spirituelles passées, peut nous être d'un grand secours. Il devient possible alors de voir Dieu simplement comme une force d'amour non physique qui ne se venge pas, ne juge pas, ne nuit pas, mais qui aime et pardonne. Etre capable de ressentir Dieu comme une force aimante, une lumière qui brille en moi et dans l'univers à tout moment, est bien différent de l'idée que je me faisais, enfant, d'un Dieu au visage d'homme, vieux et barbu, assis sur un nuage, extérieur et éloigné de moi et attendant de me juger.

Il n'est pas besoin d'être religieux ou de suivre une voie spirituelle pour reconnaître que c'est notre attachement à la peur et à la culpabilité qui nous empêche de comprendre que l'amour est notre seule réalité. Nos relations pourront être guéries par notre volonté d'effacer la peur et la culpabilité en pardonnant aux autres comme à nous-mêmes. C'est en appliquant continuellement les principes de l'amour dans nos vies que nous développerons la conscience d'une puissance plus grande que nous-mêmes. Quel que soit le nom qu'on donne à cette puissance, «source», «force», «créateur», ou «Dieu», elle est l'esprit de l'amour.

Dans le système de croyance de l'amour, notre identité, notre réalité et la vérité sont semblables puisqu'elles se mêlent dans l'unité de l'amour. Ce système nous enseigne qu'il n'y a qu'une sorte d'amour — l'amour de Dieu — et qu'il est une force qui rayonne en chacun de nous. Elle est au-delà de ce qui peut être mesuré et ne peut pas être définie. On ne peut en faire l'expérience que sur la base de l'égalité et ses seules propriétés sont l'extension et l'expansion.

Quand je suis tenté de confondre ce qui est réel et ce qui ne l'est pas, cette simple définition m'aide beaucoup. Si quelque chose est réel, c'est parce qu'il s'accorde à la définition d'être éternel et donc d'être vrai. La vérité s'élargit et s'étend constamment, pourtant elle ne change pas et elle est éternelle. Le seul exemple que je connaisse qui s'accorde à cette définition est l'amour de Dieu, qui est notre identité vraie et l'essence de notre être.

En tant qu'adultes, nous sommes souvent prisonniers de peurs nées dans notre enfance qui, aujourd'hui, nous font oublier Dieu ou douter de Lui. L'année dernière, j'ai pu me débarrasser d'une de ces peurs infantiles.

Je venais de diriger un séminaire avec Carol Howe, à propos du *Cours sur les miracles* pour Windstar, la Fondation de John Denver à Aspen, dans le Colorado. Après la présentation, John m'invita à déjeuner. Pendant que nous mangions, il me demanda si j'avais déjà volé dans un avion privé. «Oui, plusieurs fois avec mon fils Lee» lui répondis-je. Il me demanda si je voulais faire un tour dans son avion et immédiatement j'acceptais. Malgré le froid, le plafond plutôt bas et une légère neige, il estima que les conditions nous permettaient de voler sans danger.

Dès notre arrivée à l'aéroport il me ceintura dans un de ces accoutrements de pilote de chasse de la première guerre mondiale et me harnacha d'un parachute. Du hangar sortit un de ces avions biplans à cockpit ouvert. Je m'étais imaginé que nous volerions dans un avion du genre Cessna où j'aurais été assis, à l'abri dans une cabine fermée!

La peur fit battre mon cœur violemment car, pensais-je, ces avions-là étaient utilisés pour des vols de haute voltige — toutes mes peurs infantiles m'envahirent. Enfant, j'étais terrifié par les «montagnes russes» et j'avais facilement des nausées dans les changements de vitesse brusques.

Ces seules pensées suffirent à m'arrêter. Je commençais à dire à John mon refus de monter dans cet avion, quand tout à coup cette petite voix intérieure — cette voix de l'amour qui ressemble à une dictée intérieure — me dit: «Reste calme. Avec l'amour de Dieu il n'y a rien à craindre». Je me ravisai et, donnai à John un timide accord.

Il m'installa dans la cabine avant, qui était équipée d'écouteurs et d'un micro pour que je puisse lui parler, et nous partîmes. Ce qui se passa fut étonnant! Nous volâmes pendant trente minutes environ, c'était amusant et je n'avais pas peur du tout.

Soudain ce fut la panique. John me demanda par l'intermédiaire de son micro: «Dis donc, Jerry, ça te dirait que je fasse un peu de haute voltige?» Impulsivement j'allais répondre «pas question» quand, à nouveau, je fus interrompu par le message de la voix silencieuse. Je signifiai à John — cette fois encore plus faiblement — mon accord.

Il me décrivit par avance ce qu'il voulait faire — un looping de 360 degrés. Il fit exactement ce qu'il avait dit et devinez... Je n'ai pas vomi la soupe de haricots noirs que j'avais mangée au repas de midi. Au contraire, j'étais ravi de cette aventure et complètement étonné de m'entendre dire: «John, veux-tu recommencer?» Ce qu'il fit.

J'étais vraiment reconnaissant à John de m'avoir offert cette occasion de surmonter mes frayeurs passées qui ne viendront plus interférer avec le présent. J'étais heureux d'avoir, au moins dans cet instant, écouté ma voix intérieure, la voix de l'amour, au lieu de la voix de la peur. Quelle joie de s'apercevoir que Dieu est toujours présent! Quelle joie de vivre dans le présent et d'apprendre que je peux m'aimer et aimer les autres sans condition, si je renonce aux peurs auxquelles je suis attaché.

Quand nous ne faisons qu'un avec Dieu, nous perdons le sens des limites corporelles. Nous oublions aussi toutes les formes qui continuent à changer. Nous ne confondons plus la vie avec le mouvement du corps dans le temps et l'espace. Nous n'envisageons plus la mort comme une réalité, mais ressentons la vie et l'amour comme une perpétuelle expansion.

Mon esprit rationnel se bat chaque jour avec Dieu, mais en même temps il semble qu'il y ait de plus en plus de moments d'éveil divin où je suis en paix, serein et certain de l'amour éternel de Dieu. Quand je pense à Dieu, mes dépressions, mes peines, mes frustrations disparaissent, simplement parce que j'ai tout ce dont j'ai besoin. Pour la première fois dans ma vie «Dieu est amour» n'est plus un vain mot, mais une réalité dont je fais maintenant l'expérience.

CHOISIR ENTRE DEUX SYSTEMES DE PENSEES

Chacune de nos décisions est prise soit par le système de pensées de l'ego, soit par celui de l'amour. L'ego voudrait que nous fondions nos décisions sur les jugements de condamnations que nous avons faits dans le passé. Le système de pensées de l'amour voudrait nous libérer du passé afin que nos décisions soient prises en écoutant la voix de notre maître intérieur, la voix de l'amour.

La charte (voir pages suivantes) peut être utilisée pour nous aider à définir lequel de ces deux systèmes nous choisissons pour vivre.

SYSTEME DE PENSEE DE L'EGO

1. Ce moment appartient à la culpabilité et à la peur. Les peurs du passé prédisent un présent et un futur coupables et effrayants. Passez le plus clair de votre temps à vous inquiéter du passé et du futur et ne faites pas l'expérience de joie dans le présent.
2. Notre réalité est liée au corps et il est impossible de vivre dans le monde sans peur, sans dépressions, sans conflits ou inquiétudes.
3. Quand nous essayons d'obtenir le maximum et que nous nous attachons à nos possessions, nous vivons dans la peur et séparés des autres.
4. L'âge et l'expérience déterminent nos maîtres.
5. L'amour est toujours conditionnel Je vous aimerai si vous faites ce que je veux.
6. Il y a plusieurs sortes et plusieurs degrés dans l'amour: un amour pour ceci, un amour pour cela. Il y a des gens qui ne sont pas dignes d'amour à cause de ce qu'ils ont fait.
7. Corps, vie et amour meurent. La vie et le corps sont la même chose. Vie et amour sont séparés.
8. L'amour est limité à ce que nous voyons et entendons. Il a ses limites et ses exigences.
9. Tout ce que nous voyons est séparé et différent de ce que nous sommes.
10. La vérité est que nous sommes nés pour vivre dans un monde où un jour nous ferons l'expérience de la frustration, de la douleur, du malheur, du désespoir, de la peur, du découragement et de la mort. Il existe beaucoup d'autres choses que l'amour dans le monde.

SYSTEME DE PENSEE DE L'AMOUR

1. Cet instant est le seul moment qui soit et il est pour l'amour. Dans ce moment, il n'y a ni culpabilité ni peur.
2. Notre état naturel d'être est l'amour. C'est être heureux, joyeux et en paix.
3. Quand nous donnons notre amour et notre paix en nous unissant aux autres, nous ressentons l'amour en nous-mêmes.
4. Chacun de nous, quel que soit son âge, nous enseigne l'amour.
5. L'amour est toujours inconditionnel et n'a rien à voir avec le comportement ou les performances des autres.
6. L'amour seul existe. Il ne change pas, il est maximal et n'exclut rien.
7. La vie n'est pas le corps. La vie et l'amour ne font qu'un; la vie est pour toujours — car l'amour ne meurt pas.
8. L'amour est sans limite, sans frontière. Il ne demande rien. Il se déploie simplement.
9. Chaque chose que nous voyons est le reflet de ce que nous sommes.
10. L'amour seul peut être vrai, car lui seul est.

«Que toutes les voix,
sauf celle de Dieu,
se taisent en moi.»

CHAPITRE VI

L'AMOUR C'EST ECOUTER

ECOUTER

Il y a quelques années, en donnant des conférences en Nouvelle-Zélande, j'ai eu l'occasion de visiter un hospice pour malades graves, ayant à faire face à la mort. On me présenta une des responsables. Son nom était inscrit sur le revers de sa blouse et en-dessous il y avait une inscription qui m'apprit tout sur elle. Il était écrit: «Celle qui écoute». Je sus alors, ainsi que tous ceux qui la rencontraient, que son travail n'était pas de donner des conseils ni d'offrir de prétendues critiques constructives, mais de donner son amour inconditionnellement et d'offrir, en écoutant, l'acceptation totale de l'autre. Ecouter c'est amour, et l'amour c'est écouter.

Nous interrompons souvent les autres avant qu'ils aient fini de parler. Fréquemment, nous ne les écoutons même plus, bien avant de les interrompre, parce que nous sommes occupés à préparer la réponse. Ce que nous avons à dire devient plus important que ce que l'autre essaye de nous dire. Ecouter avec une attention soutenue et avec amour est peut-être le plus grand don que nous puissions offrir aux autres.

LA VOIX DE L'AMOUR (VOIX DE DIEU, VOIX DU SAINT-ESPRIT)

Afin d'offrir aux autres le don de notre écoute, nous devons apprendre à écouter la voix de l'amour en nous-mêmes.

La voix de l'amour porte plusieurs noms tels que la voix de Dieu, le Saint-Esprit, la voix qui sait, la voix intérieure, le maître intérieur et l'intuition. La voix de Dieu n'a rien à voir avec nos expériences passées, notre intellect, notre esprit rationnel ou le bon sens. Elle vient du cœur même de la connaissance de l'amour, de l'entité divine qui est au centre de notre être — toujours présente pour nous orienter en répondant aux questions que nous pouvons nous poser.

CALMER L'ESPRIT

Pour entendre ce guide intérieur, nous devons apprendre à détendre notre esprit, avoir la bonne volonté nécessaire pour demander de l'aide — et s'attendre à recevoir une réponse. La voix, ou guide, peut venir à nous sous forme de pensées ou de dictée intérieure; elle peut aussi être visualisée comme des feux de signalisation, rouge pour nous arrêter, vert pour aller de l'avant et orange pour être prudent.

Nos esprits sont très indisciplinés. Des milliers de pensées incontrôlées ressassent continuellement notre passé, mènent dans notre tête une course effrénée. L'attirance de l'ego pour la culpabilité et les pensées de peur forme une barrière parasite très efficace pour empêcher l'esprit de se calmer. Il est très difficile d'être en paix pendant que nous sommes bombardés par ces pensées incessantes ou distraits par des stimulants extérieurs.

Afin de percevoir le monde différemment, il est impératif que nous apprenions à refréner nos esprits, contrôler et choisir nos pensées. Un esprit discipliné est un esprit libre et notre but est la liberté. Refréner l'esprit demande beaucoup de travail. Nous devons apprendre à valoriser l'esprit calme — la valeur d'un moment tranquille.

Il y a plusieurs façons de calmer l'esprit, telles que la méditation, la prière, la création d'images mentales par une imagination active, etc. Plutôt que de décrire dans le détail ces différents procédés, je voudrais vous faire partager une façon simplifiée de les considérer.

La méditation peut être considérée comme une intense concentration qui permet une recherche personnelle et une prise de conscience accrue. Pour certains, la méditation est une porte ouverte à la prière.

La prière peut être comprise comme une intense concentration ou une communication avec Dieu. A son niveau le plus bas, la prière est une demande, mais à son niveau le plus haut, c'est écouter, aimer, exprimer sa gratitude à Dieu. Maître Eckhard, le mystique allemand, décrit succintement la prière en disant: «Si la seule prière que vous dites dans votre vie est "merci", cela suffira».

Dans la prière comme dans la méditation, il y a décision de se tourner vers l'intérieur, de ne pas se laisser affecter par le bruit du monde. A un moment donné, la méditation et la prière peuvent se rejoindre. Selon un vieil adage, un esprit calme est un esprit divin.

Ne nous soucions pas des distinctions techniques entre la méditation et la prière, mais donnons plutôt la priorité au calme de l'esprit, le matin après le réveil et le soir avant de s'endormir.

La seule façon de me détacher des pensées chaotiques qui traversent mon esprit est de me rappeler que la paix de Dieu est mon seul but. Pendant une seconde seulement, je me concentre pour chasser de mon esprit les besoins et les désirs de ce monde. Dans cet instant, j'ouvre mon cœur à l'amour de Dieu, Lui demandant d'être Son messager et que Sa volonté soit mienne. Dans le moment tranquille qui suit généralement, je peux me sentir devenir la lumière de Dieu éclairant le monde, éclairant chaque esprit comme un seul. Pendant cette seconde, j'éprouve la paix et le bonheur de Son amour sans limites, souvent avec le sentiment que je n'ai besoin de rien d'autre que d'être.

Si calmer l'esprit est quelque chose de nouveau pour vous, ne le faites pas plus de trois minutes le matin et trois minutes le soir; graduellement, augmentez ce temps selon votre guide intérieur. Il est important d'être doux et patient avec vous-même et de résister à la tentation de classer, d'évaluer ou de juger votre performance.

A la fin de ce chapitre, vous trouverez quelques suggestions pour calmer votre esprit, ainsi que la façon d'utiliser l'imagination active. L'imagination active est un moyen par lequel nous pouvons utiliser l'image mentale, pour nous concentrer sur une seule scène, par exemple nous voir assis en paix dans un paysage magnifique, près d'un lac tranquille, et ainsi calmer l'afflux de pensées dans l'esprit.

APPRENDRE A ECOUTER

Pour écouter notre voix intérieure, la voix de l'amour, il est nécessaire de laisser de côté l'esprit rationnel analytique, déductif, et de nous laisser guider par le centre d'amour en notre cœur. Notre ego, qui ne nous rend pas la tâche facile, va essayer de nous persuader que prendre des décisions sur des bases irrationnelles est absurde et insensé.

En 1979, je fis une expérience importante après avoir écouté ma voix intérieure. Je devais donner une conférence en Israël le 1er mai et je m'étais réservé quelques jours pour visiter et explorer les lieux historiques importants après la conférence. Environ deux semaines avant mon départ pour le Moyen-Orient, ma voix intérieure m'instruisait de changer mon billet et de me rendre en Egypte le 3 mai.

Comme je n'avais pas d'amis égyptiens, l'idée même de faire un tel voyage me semblait ridicule et folle. Pourtant, devant l'insistance de mon guide intérieur je changeais mon billet pour le Caire. Je m'appliquais à n'en rien dire à personne, car j'étais sûr d'être pris pour un fou; j'en parlai cependant à mon ami et co-auteur Bill Thetford. A la fin de notre conversation, je fis à Bill une remarque saugrenue: «Je ne sais pas ce que je suis censé faire là-bas — peut-être vais-je rencontrer quelqu'un de célèbre et que j'admire comme Madame Jihan Sadate».

En ce temps-là, il n'y avait pas de vol direct d'Israël pour l'Egypte; il fallait passer d'abord par la Grèce. Pendant le voyage d'Athènes au Caire, je feuilletais un magazine de la compagnie aérienne et tombai sur un article à propos du docteur Shahbender, directeur de l'Institut Egyptien du Cancer. Peut-être était-ce le but de ce voyage : rencontrer le docteur Shahbender.

Le matin suivant, après beaucoup de difficultés, j'arrivais à le joindre au téléphone. «Je regrette, mais c'est aujourd'hui vendredi et je ne peux pas vous voir. C'est pour nous l'équivalent d'un dimanche et je vais avec ma famille à la campagne». Après une brève pause, il ajouta: «Enfin, si vous venez immédiatement avec un taxi, je peux vous accorder dix minutes».

Quand nous nous rencontrâmes à sa résidence, nous éprouvâmes une immédiate sympathie réciproque, comme si nous nous connaissions depuis toujours. Dans la minute qui suivit, il m'invita à venir avec sa famille à la campagne. Arrivé à destination, je constatai avec surprise que les autres invités étaient presque tous des membres du cabinet du Président Sadate. Le Ministre de la santé m'invita à venir le voir dans son bureau le lendemain.

Au cours de la visite que je lui fis, il me dit qu'il aimerait que Madame Sadate me rencontre et prit les dispositions nécessaires pour que j'aille la voir dans sa résidence de Ghiza. Je repensai alors à la remarque que j'avais faite à Bill et j'en eus la chair de poule!

Je rencontrai Madame Sadate et les cinq minutes prévues devinrent un entretien d'une heure. Depuis cette date, Madame Sadate et moi communiquons régulièrement et, récemment, nous avons donné ensemble des conférences sur le thème: «Les enfants, enseignants de la paix», aux Etats-Unis et en Europe.

De retour en Californie, je réfléchis à ce qui s'était passé et me rendis compte que les expériences d'Egypte n'étaient pas seules importantes, mais aussi le fait que rien de tout cela n'aurait pu avoir lieu sans l'écoute de mon guide intérieur. Je fais donc davantage confiance à ma voix intérieure et suis ses directives — même lorsqu'elles semblent irrationnelles.

PEUR DE LA MORT

C'est dans la façon de considérer la mort que réside la plus importante différence entre les deux systèmes de croyance. La plus grande menace que notre «ego-moi» brandisse au-dessus de nous est la peur de la mort qui est la cause des interférences avec l'écoute intérieure. Aussi longtemps que nous nous identifions à notre corps, la peur, la culpabilité iront se loger quelque part dans notre esprit — même si elles sont déguisées et pas toujours présentes à la conscience. La culpabilité est toujours le résultat soit d'une attaque sur nous-mêmes soit sur les autres. Notre ego nous force à contrôler les autres et le monde pour tenter de nier notre peur de la mort.

Dans le système de croyance de l'amour, la mort est considérée comme étant la transition de la forme à la non-forme. Dans cet état sans forme, la vie et l'amour sont unis et éternels. Quand nous sommes libérés de la culpabilité, nous vivons chaque instant comme s'il était intemporel, sachant que nous sommes amour, que nous sommes la vie et que nous sommes éternels parce que Dieu est éternel. Quand nous sommes libérés de la culpabilité, nous ne craignons plus la mort.

Il y a quelque temps, je reçus une très belle lettre d'une femme nommée Lory. Son frère Ray avait été tué dans un accident d'automobile à l'âge de 27 ans. Elle joignait à sa lettre celle que son frère avait écrite cinq ans plus tôt, donnant des instructions sur la façon dont il voulait qu'on se souvienne de lui après sa mort.

Je pense que vous serez d'accord avec moi sur le fait que Ray avait clairement compris que donner c'est vivre, que la vie et l'amour durent toujours et ne finissent pas avec la mort physique.

«Cher Docteur Jampolsky,

Il n'y a pas de mots pour exprimer la gratitude que

j'éprouve à votre égard pour avoir pris le temps de téléphoner à ma mère. En espagnol, nous avons un proverbe qui dit, en traduction libre: «Que Dieu vous le rende». J'espère et je prie pour que tout l'amour dont vous avez fait preuve envers nous vous soit rendu au centuple.
J'ai utilisé certains de vos propos, non seulement pour mon propre réconfort, mais aussi pour écrire le panégyrique de mon frère Ray. Il possédait le don merveilleux de vivre dans l'instant. Il trouvait et prenait aussi le temps d'écouter quiconque et à n'importe quel moment.
Après ses funérailles, nous trouvâmes le papier ci-joint. Ray l'avait écrit cinq ans plus tôt à 22 ans. C'est pour moi très évocateur de sa simplicité de cœur; j'ai pensé que vous en aimeriez une copie.
Que Dieu vous bénisse.

Dans l'amour et la lumière»

Lory

LES INSTRUCTIONS DU “LIT DE VIE“ DE RAY

«Pour se souvenir de moi !

Le jour viendra où mon corps sera allongé sur un drap blanc soigneusement bordé aux quatre coins du matelas, dans un lit d'hôpital. Puis, un jour, un médecin diagnostiquera le coma profond. Virtuellement, j'aurai cessé de vivre.
Quand cela m'arrivera, n'essayez pas de me maintenir en vie artificiellement et n'appelez pas ce lit mon lit de mort. Appelez-le plutôt Lit de Vie, et permettez que mon corps en soit retiré afin d'aider les autres à vivre une vie plus complète.

Donnez ma vue à un homme qui n'a jamais vu un coucher de soleil, le visage d'un bébé ou l'amour dans les yeux d'une femme. Donnez mon cœur à quelqu'un qui n'a jamais eu que douleur avec le sien. Donnez mon sang au jeune qu'on a retiré d'une voiture accidentée, pour qu'il puisse vivre et voir ses petits-enfants jouer. Donnez mes reins à celui qui dépend d'une machine pour exister de semaine en semaine. Prenez mes os, chaque muscle, chaque fibre, chaque nerf de mon corps et trouvez un moyen pour faire marcher un enfant paralysé. Explorez chaque coin de mon cerveau, prenez mes cellules, si nécessaire, et laissez les grandir pour qu'un jour un garçon muet puisse crier de joie en jouant et qu'une petite fille sourde puisse entendre le bruit de la pluie contre sa fenêtre.

Brûlez ce qui restera et éparpillez les cendres aux quatre vents pour aider les fleurs à pousser.

Si vous devez enterrer quelque chose, que ce soit mes fautes, mes faiblesses et tous mes préjugés contre mes semblables.

Donnez mes péchés au diable et mon âme à Dieu.

Si par chance vous désirez vous souvenir de moi, faites-le par un mot ou un geste bienveillant envers quelqu'un qui a besoin de vous. Si vous faites tout ce que je vous ai demandé, je vivrai pour toujours.»

Ray

LA RESISTANCE A ENTENDRE LA VOIX INTERIEURE

L'ego aime accentuer notre doute en posant constamment ce genre de questions: «Es-tu vraiment sûr que la voix que tu entends est la voix de l'amour? Peut-être te dupes-tu toi-même?» La voix de notre ego veut être entendue la première. Il essaye de nous convaincre qu'il vaut mieux ne pas risquer de donner notre volonté à Dieu parce que nous n'aimerions peut-être pas Sa réponse. Il est certain que mon ego m'accable encore avec ces jeux, me laissant dans l'incertitude et le conflit. Pourtant, plus j'accepte de faire confiance à la voix de l'amour, plus j'éprouve de paix et de confiance en moi.

Fréquemment je me prends à mon propre jeu justificatif où je dis que je ne serais que trop heureux de faire la volonté de Dieu s'Il était d'accord pour faire la mienne. Cela veut dire que, si j'ai déjà décidé de la réponse que je veux entendre, je serai incapable de poser une vraie question.

Il est nécessaire d'abord de renoncer à notre colère, notre culpabilité, nos pensées rancunières avant de venir devant notre maître intérieur. C'est notre bonne volonté, même partielle, de confier nos problèmes à notre guide intérieur qui va permettre à nos perceptions erronées de se transformer. En devenant de plus en plus désireux de n'écouter que la voix de l'amour, nous pouvons commencer à prendre conscience que notre tâche sur cette terre est d'être le messager de Dieu. Toutefois, avant que nous puissions devenir le messager de Dieu, nous devons d'abord recevoir et accepter le message pour nous-mêmes.

LUMIERE DE L'AMOUR, LUMIERE DU CHRIST

Il y a dix ans, si je lisais un livre qui parlait de choses comme la lumière du monde, la lumière de l'amour ou la lumière du Christ, je le refermais écœuré, avec l'intention de ne plus jamais l'ouvrir. J'étais donc peu disposé, de prime abord, à utiliser ces termes dans ce livre, en pensant que vous pourriez avoir une réaction semblable. Pourtant la fonction de ce livre c'est d'apprendre que nous sommes la lumière du monde et que cette lumière est rendue inaccessible à notre conscience par culpabilité et par peur.

La lumière de l'amour, la lumière du Christ, peut être comprise comme une lumière irradiant du cœur de Dieu. Nous en sommes irradiés et, à travers nous, elle rayonne vers les autres. On peut dire que les termes lumière de l'amour, lumière de Dieu ou lumière du monde, sont interchangeables. Nous pouvons aussi considérer la lumière comme une source créative d'énergie pour l'univers. Chacun de nous est ici sur cette planète Terre comme une sous-station qui émet cette lumière pour que les ténèbres de la culpabilité, de la peur et de la séparation disparaissent. Nous guérissons nos esprits quand nous nous joignons aux autres pour ne faire qu'un, en ne voyant en eux, ainsi qu'en nous-mêmes, que la lumière de l'amour. Dans cette guérison, nous reconnaissons que nos esprits ne sont pas séparés et qu'il n'y a qu'un seul esprit universel uni au cœur de Dieu.

J'ai trouvé que l'analogie suivante pouvait m'aider à comprendre l'esprit universel. Je ferme les yeux et j'imagine que l'univers entier est fait d'eau. Je laisse tomber un petit caillou d'amour dans l'eau et je m'aperçois que l'ondulation qui s'ensuit va atteindre chaque particule d'eau. L'ondulation revient ensuite et va me toucher aussi. De la même manière, quand nous envoyons la lumière d'amour de nos cœurs vers les autres, elle atteint leurs esprits et nous revient. Elle efface tous les doutes que nous pouvons avoir sur nous-mêmes et sur ce que nous sommes.

Il y a un très beau passage sur la lumière du Christ dans le *Cours sur les miracles*. Quand le doute me gagne, lire ce texte me redonne courage et m'aide à entendre la voix de l'amour. Si vous ne vous sentez pas à l'aise avec le mot «Christ», substituez lui le mot «Amour». Voici la citation du *Cours**, arrangée en forme poétique.

Il n'y a que le Christ à voir,
Que Son chant à entendre,
Que Sa main à tenir
Et pas d'autre voyage
Que de marcher avec Lui.

Le doute doit primer le conflit,
Ne doute que de toi-même,
Le Christ n'a aucun doute
Et Sa quiétude naît de Sa certitude.

Il échangera tes doutes contre Sa certitude
Si tu acceptes de ne faire qu'un avec Lui
Et cette communion est infinie, intemporelle
Et à ta portée parce que tes mains sont dans les
Siennes

Il est en toi et pourtant te précède
Et marche à tes côtés,
Ouvrant le chemin qu'il doit prendre
Pour se trouver lui-même.
Sa quiétude devient ta certitude.
Que devient le doute devant la certitude ?

---

* *Cours sur les miracles*, p. 475.

BRISER NOS RETICENCES

Il existe de nombreuses voies spirituelles ayant chacune leur maître — vivant ou mort — qui servent de modèle à l'enseignement. Il n'est sans doute pas indispensable de s'identifier à un maître, mais cela peut être utile pour certains d'entre nous.

Il fut un temps où je considérais Dieu et mon maître intérieur d'une façon abstraite et je trouvais difficile de me sentir proche de telles abstractions. J'étais très hostile à toute idée de gourous, maîtres ou à toute identification avec un maître intérieur personnel — particulièrement si son nom était Jésus.

Néanmoins, je sentais que j'avais besoin de changer mes vieilles idées sur Jésus et d'avoir un esprit plus ouvert pour comprendre ce qu'Il représentait. Je n'étais pas préparé toutefois à ce qui arriva ensuite. A ma grande surprise, je développais ce que j'appelerai une relation personnelle avec Jésus. D'abord je le perçus comme le messager de Dieu qui était venu enseigner au monde le pardon et l'amour. Ensuite je le vis comme un frère plus âgé et un maître-enseignant qui a démontré qu'il était possible de renoncer aux jugements, à la culpabilité et à toutes nos valeurs, excepté l'amour de Dieu. A mon avis, ce qu'il a prouvé de plus important, c'est que la mort n'est pas une réalité, que la vie est éternelle et que les esprits peuvent communiquer entre eux éternellement, même sans enveloppe corporelle.

Sa présence commençait à m'envahir et j'avais la sensation parfois d'être le prolongement de ses pensées, de ses mots et de ses actes. Son message me pénétrait: le monde pouvait changer si nous pratiquions tous le pardon. Au début, je fus très préoccupé par l'opinion des autres à mon sujet et je gardai donc secrète ma relation avec Jésus.

Puis un jour, alors que je méditais à l'Université de John Hopkins Medical School avant d'y donner une conférence, je demandai à mon guide intérieur si c'était une bonne idée d'employer le mot «Dieu» ou «Christ» dans mon discours. Je reçus une réponse clairement négative.

Après la conférence, qui fut un succès, un professeur de psychiatrie m'escorta vers une sortie différente de celle par laquelle j'étais venu. Absorbé par notre conversation, je ne me souciais pas de mon chemin quand, tout à coup, je me heurtai à une large structure. Je levai la tête et à mon grand étonnement je découvris la plus grande, la plus joyeuse et paisible statue de Jésus que j'aie jamais vue. Je m'écriai: «Que fait donc Jésus ici à l'Université de John Hopkins?»

Le professeur rit et me dit que la porte par laquelle j'étais entré dans l'hôpital s'appelait la porte du cancer. Cette porte par laquelle je sortais, l'ancienne entrée, s'appelait l'entrée du Christ. La statue était là depuis la construction de l'Université. Cette expérience symbolise pour moi que la lumière du Christ, l'esprit du Christ, la lumière d'amour, est toujours avec moi.

Cette statue m'avait tellement frappé que j'en demandai une photographie, qui est maintenant sur le mur de ma chambre. Je n'étais quand même pas tout à fait prêt pour accrocher une photo de Jésus dans mon salon où tout le monde l'aurait vue. Je me sens maintenant plus à l'aise dans mes relations avec Jésus et moins sensible à l'opinion des autres à ce sujet. Aujourd'hui, un portrait de Jésus est accroché dans mon salon, au-dessus de la cheminée.

A ce propos, je dois faire une parenthèse pour préciser qu'il n'est pas nécessaire d'avoir des rapports avec Jésus pour guérir nos relations, ni de le considérer, ou quiconque d'ailleurs, comme un maître-enseignant. Je veux seulement que vous sachiez comment, sans pouvoir vraiment l'expliquer, j'ai choisi Jésus comme maître et combien cela m'a aidé. Mais je ne veux surtout pas suggérer que les autres fassent de même.

LA FOI ET LA CONFIANCE

Dans le système de pensées de l'amour, la foi peut être comprise comme la confiance en Dieu et la certitude intérieure de savoir, sans l'ombre d'un doute, que nous sommes en sécurité et que nous ne serons jamais abandonnés. C'est faire confiance à Dieu car la puissance de son amour est toujours en nous. C'est savoir sans équivoque que nous pouvons avoir confiance dans Sa force plutôt que dans celle, réduite et limitée, de l'entité de notre personnalité, et qu'il n'existe aucun problème que l'amour de Dieu ne puisse résoudre.

LA CONFIANCE D'UN ENFANT DANS L'AMOUR DE DIEU

Récemment, je participais dans notre centre à l'interview d'un nouvel arrivant, un garçon nommé Derek Schmidt, atteint d'une leucémie. Avant notre rencontre, son état avait semblé s'être amélioré, puis, ses parents nous l'ont amené à la suite d'une nouvelle aggravation. Pour la première fois depuis le début de la maladie, ils avaient perdu leur foi et leur confiance en Dieu, disant: «Comment pouvons-nous faire confiance à Dieu alors que nos prières sont restées sans réponse?»

Des larmes de gratitude me montèrent aux yeux

quand leur fils répondit: «Vous n'avez pas besoin de tout comprendre pour avoir la foi et faire confiance à Dieu; il vous suffit de savoir que Dieu nous aime tout le temps et que rien ne nous arrive jamais que nous ne puissions résoudre avec Son aide».

Pour moi, il était une âme sage dans un jeune corps, nous rappelant à tous ce que sont la foi et la confiance. Le jour où je vis ce garçon, j'avais besoin de ce rappel aimant car j'avais alors, moi aussi, des problèmes de doute. Sa simplicité, son innocence et sa clarté me furent d'un grand secours en me rendant la foi et la confiance en Dieu.

SUGGESTIONS POUR CALMER L'ESPRIT

Voici cinq exercices pratiques pour apprendre à calmer l'esprit et activer le concept de l'amour par l'écoute intérieure. Répétez chacun de ces exercices pendant trois à cinq minutes la première fois, et continuez pendant des périodes plus longues si cela vous convient.

1. JE SUIS DETENDU
   Fermez les yeux, entrez en vous-même et cherchez un endroit tranquille où vous vous sentez en paix.
   En inspirant, dites-vous silencieusement à vous-même: «Je suis…»

2. INSPIREZ L'AMOUR, EXPIREZ LA PAIX ET LA JOIE
   Faites passer une musique qui vous détend.
   Inspirez et sentez l'amour inconditionnel qui vous pénètre.
   Expirez et ressentez la paix et la joie que vous répandez sur le monde entier et sur chaque chose vivante qui l'habite.

3. NE FAIRE QU'UN AVEC LA LUMIERE
   Allumez une bougie et concentrez-vous seulement sur le rayonnement de la flamme.
   Sentez dans chacune des fibres de votre être le reflet de cette lumière.
   Sentez-vous devenir un avec la lumière.
   Dites silencieusement: «Je suis la lumière du monde».
   Imaginez vos amis et aussi vos ennemis marchant dans cette lumière, devenant un avec elle et avec vous.

4. NE FAIRE QU'UN AVEC UNE FLEUR
   Visualisez une de vos fleurs préférées.
   Imaginez que vous pouvez vous détacher de votre corps pour un instant; maintenant, pénétrez à l'intérieur de la fleur et imaginez que vous ne faites qu'un avec chacune de ses parties.
   Sentez que vous recevez l'amour inconditionnel de chaque rayon de soleil.
   Ressentez l'essence de votre être, de votre amour et de votre beauté, irradiant dans toutes les directions.
   Dans cet état de détente, laissez-vous envahir par le sentiment que donner et recevoir l'amour ne font qu'un.

5. LAISSER ALLER LE PASSE, LAISSER VENIR DIEU

Fermez les yeux.
Inspirez sur le mot: «Laisser»
Expirez sur: «…aller»
Inspirez sur: «Laisser»
Expirez sur: «...venir».

«Seul l'amour est présent,
les peurs appartiennent au passé.»

CHAPITRE VII

UN PONT VERS LE PARADIS TERRESTRE

Le contenu de ce chapitre peut être utilisé comme un pont qui nous ferait passer du système de croyance de l'ego au système de croyance de l'amour. J'ai inclus quelques exercices et des tableaux qui peuvent nous conduire à colmater la brèche entre notre allégeance au monde de l'ego et la reconnaissance de notre appartenance au monde de l'amour.

LE PARADIS SUR TERRE

On peut concevoir le paradis non comme un endroit, mais comme un état d'esprit. C'est la sensation de communion, avec les autres et avec Dieu, d'éprouver la paix, la joie et l'amour sans limites. Pour la plupart d'entre nous, se trouver dans cet état d'esprit, pour une seconde seulement, exige un changement de perception qui, à première vue, semble difficile à réaliser. D'un autre côté, «difficile» est un mot qui vient de nos croyances passées, entraves à notre capacité d'apprendre. Nous n'avons pas à revivre le passé et ses difficultés. Nous n'avons pas à remettre au lendemain et pouvons choisir dès maintenant de vivre cette seconde de paradis sur terre.

Quand notre esprit est complètement apaisé, nous pouvons ressentir une joie illimitée — une joie au-delà de toute imagination. Le tableau suivant décrit les attributs de notre esprit quand il fait l'expérience du paradis terrestre.

LE PARADIS TERRESTRE

Paix	Patience
Amour	Douceur
Sérénité	Légèreté de cœur
Bonté	Rire
Tendresse	Bonheur

Comme je l'ai mentionné plus haut, quand nous savons avec certitude que notre état naturel est l'amour, nous savons aussi que rien ne peut nous menacer. Ainsi, nous irradions ces attributs spontanément, sans avoir à y penser et sans que rien n'empêche leur expression.

En revanche, quand nous nous sentons incertains et que nous doutons de ce que nous sommes, la culpabilité et la peur bloquent l'expression de ces émotions positives et heureuses.

LE PARDON

Le vrai pardon est le pont dont la traversée nous libérera de la culpabilité et de la peur, en nous permettant de faire l'expérience du paradis sur terre.

Dans le tableau suivant, qui constitue un guide pour atteindre la paix intérieure, prenez note que les quatre premières étapes concernent le pardon. La pratique du pardon est la clef pour la délivrance de la culpabilité. En appliquant régulièrement les dix éléments de cette prescription, nous pourrons transformer nos vies et notre perception du monde.

PRESCRIPTION POUR LA PAIX INTERIEURE

1. Pardonner nos parents totalement.
2. Pardonner totalement tous ceux qui furent, qui sont ou qui seront ici dans le futur, y compris nous-mêmes.
3. Pardonner le monde totalement.
4. Pardonner Dieu totalement.
5. S'immerger dans la foi et la confiance en l'amour; faire confiance à Dieu.
6. Choisir la paix plutôt que le conflit.
7. Choisir de ressentir l'amour plutôt que la peur et la culpabilité.
8. Choisir d'être un chercheur d'amour plutôt qu'un chercheur de fautes.
9. Choisir d'être celui qui donne son amour, plutôt que celui qui le recherche pour lui-même.
10. N'enseigner que l'amour.

Pour que le pardon soit efficace, il doit être total. Pardonner à quatre-vingt-quinze pour cent ne vaut rien.

On ne pourra jamais se faire du mal, ni faire du mal à un autre à moins de croire que notre identité appartient au corps plutôt qu'à l'esprit. Quand nous nous identifions à la réalité de notre lumière et de la lumière des autres, le processus du pardon nous permet de nous libérer de ce que nous croyons avoir fait aux autres et de ce que nous les accusons de nous avoir fait. Comme si nous rêvions que quelqu'un nous fait du mal et que nous nous réveillions encore sous l'emprise du rêve. Nous ne pouvons classer l'incident dans l'irréalité qu'au moment où nous nous rappelons qu'il s'agissait seulement d'un rêve. De la même façon, le pardon nous aide à renoncer à notre passé illusoire pour que nous puissions, dans le présent, ressentir l'amour comme notre seule réalité. Le pardon nous permet de comprendre que ce que nous pensions être un péché, impliquant la culpabilité et la punition, n'est en fait qu'une erreur qu'il suffit de corriger et non de punir.

LE PARDON EST UN LACHER-PRISE

Les enfants sont de merveilleux enseignants du pardon. Il y a plusieurs années, j'étais conseiller dans une grande entreprise de transport. Lors d'une de mes visites à la compagnie, j'emmenai avec moi Tony, 12 ans, atteint d'un cancer et membre actif du groupe d'enfants de notre centre. Pendant la réunion, un des directeurs régionaux exprima sa colère parce qu'une compagnie rivale lui avait soustrait un employé occupant une position clef et très difficile à remplacer. Je demandai à Tony s'il souhaitait intervenir. Il demanda au directeur régional s'il était contrarié et ce dernier acquiesça.

Tony dit alors: «Si vous pouviez être dans un endroit de votre choix, où vous seriez détendu et en paix, où cela serait-il? La réponse vint: «Hawaï». Tony lui suggéra de fermer les yeux et d'imaginer qu'il était à Hawaï, détendu, ne faisant qu'un avec le sable chaud, le ciel et l'eau. Puis il ajouta: «Vous savez, vous ne pourrez pas vous détendre ou vous sentir en paix aussi longtemps que vous serez en colère. Vous ne pourrez pas non plus prendre une décision sage si vous ne pardonnez pas, non seulement à votre concurrent, mais aussi à cet homme dont il vous a privé. Pardonner c'est ne pas vous fixer sur l'incident, c'est le laisser s'éloigner».

Plus tard, le directeur vint vers moi et me dit: «Vous savez, Jerry, si vous m'aviez dit la même chose, je n'aurais pas été si réceptif mais quand c'est un enfant de douze ans qui vous dit ces choses, elles semblent si simples et à propos».

Beaucoup d'entre nous vivent dans un état d'angoisse, se demandant qui ou quoi va venir les agresser. Comment nous débarrasser de ces pensées de crainte? Ce n'est pas aussi compliqué qu'on le pense si nous avons la volonté de nous défaire de notre vieux système de croyance. Comme nous l'avons vu, les enfants ont une façon d'expliquer clairement et simplement les choses. Le pardon est la réponse. Le miracle de l'amour peut ainsi se réaliser pour que nos relations guérissent et pour que nous reconnaissions enfin qu'il n'y a pas de séparation.

Nous ne pouvons pas enseigner l'amour et être aimants à moins de cesser de blâmer les autres ou nous-mêmes. *Nous ne pouvons exprimer l'amour total que si nous avons complètement guéri toutes nos relations.* Le pardon est la clef du bonheur parce qu'il lève tous les obstacles de la peur et de la culpabilité et nous permet de vivre dans un monde où l'amour embrasse tout.

POINTS A CONSIDERER POUR REVENIR A DIEU

Il y a des moments où rien ne semble m'aider à pardonner et où je choisis de m'attacher à la peur. Il n'y a pas si longtemps, j'étais très déprimé, me sentant blessé et rejeté par un proche. C'était un sentiment bien réel — pas illusoire du tout — il ne me semblait pas que je fusse la cause de ce que je percevais, mais qu'il y avait bien là quelqu'un qui me faisait du mal. Les principes mentionnés dans ce livre me semblaient une rhétorique inutile et creuse. Je me sentais coincé, incapable de changer ma perception — et je ne le voulais pas non plus. Je ne ressentais certainement pas la présence de Dieu ou de Son amour et je commençais même à en douter. En fait, je doutais de tout ce qui me passait par la tête .

Plus tard, après être arrivé finalement à me calmer et à demander aide à mon guide intérieur, j'écrivis la liste suivante de points à considérer pour revenir vers Dieu. Inutile de dire que j'avais échoué sur les dix points, mais je pouvais voir clairement comment les déformations et les supercheries de mon ego m'avaient mystifié, au point de me croire séparé de Dieu. Vous trouverez peut-être, comme moi, qu'il est utile de considérer ces points chaque jour en tentant de les appliquer à chaque instant.

POINTS A CONSIDERER

1. Suis-je désireux de considérer tous mes problèmes (quelle qu'en soit la forme), toute culpabilité, douleur et frustration comme une indication que mon esprit-ego a peur de Dieu et choisit de se séparer de Lui? Suis-je désireux de me sentir responsable de ce que je vois?

2. Est-ce que je m'attache à la culpabilité et juge autrui ou moi-même, ou suis-je désireux de pardonner?

3. Est-ce que je crois vraiment que la volonté de Dieu me donne le bonheur parfait en ce moment?

4. Est-ce que je perçois que le but de cette relation est toujours la communion et non la séparation?

5. Est-ce que l'intérêt que je porte à chacun est le même que celui que je porte à moi-même ou ne suis-je concerné que par les besoins personnels de mon ego?

6. Suis-je plus intéressé à obtenir qu'à donner?

7. Suis-je en train de contrôler ou de manipuler quelqu'un?

8. Ai-je choisi d'exiger plutôt que d'aimer?

9. Ai-je suffisamment de foi pour croire que Dieu m'aime complètement, parfaitement et éternellement?

10. Ai-je décidé d'imposer mon projet de vie ou suis-je prêt à accepter le plan que Dieu a pour moi?

L'IMAGE MENTALE ET LE PARDON

Plusieurs personnes m'ont dit que l'exercice suivant, sur la création d'images mentales, les a considérablement aidées.

Fermez les yeux. Utilisez votre imagination pour

vous voir devant un microscope très spécial. Pendant que vous regardez dans ce microscope, imaginez que vous pouvez voir les cellules individuelles de votre cœur. Regardez attentivement et vous verrez qu'elles sont rondes avec un visage souriant. Ces visages sourient parce qu'ils sont emplis d'amour. Ils ont tout ce dont ils ont besoin. Leur amour s'étend et se déploie ne posant aucune question, ne formulant aucun jugement. Chaque cellule est un microcosme de vous et de moi. Notre identité, comme celle des cellules, est cet amour sans limite; dans cet état naturel, nous n'avons aucun autre besoin.

Si vous regardez attentivement avec votre imagination, vous pourrez voir que cette énergie, qui émane de l'amour des cellules comme une lumière blanche, devient de plus en plus brillante. Voyez comme cette lumière dissout les membranes cellulaires et se joint aux autres lumières des cellules du cœur. Maintenant, voyez votre cœur comme une magnifique lumière blanche pulsant une luminosité de plus en plus radieuse. Cette lumière est le reflet de l'amour de Dieu. Dites silencieusement: «Je suis la lumière du monde».

Utilisez votre imagination à son maximum. Visualisez cette lumière allant vers les autres cellules de votre corps. Voyez votre corps se transformer en un faisceau lumineux. Voyez ensuite votre lumière se joindre et se mêler à tous les autres faisceaux lumineux de l'univers jusqu'à ce qu'il n'y ait plus qu'une seule lumière universelle — devenant toujours plus radieuse.

Maintenant, pensez à quelqu'un qui vous irrite ou vous déprime — quelqu'un à qui vous n'avez pas complètement pardonné. Renoncez à cette perception erronée et coupable. Abandonnez ce passé et considérez-le comme un rêve qui s'est évanoui. Avec votre imagination, voyez cette personne avançant dans la lumière, devenant cette lumière même, et dites:

Je vous pardonne ainsi qu'à moi-même —
nous sommes un et le même.

Maintenant je peux dire adieu à la culpabilité
et au blâme.

Le dernier tableau de ce chapitre comporte des suggestions pour donner vie aux principes de la vérité. Ces suggestions peuvent être comprises comme un guide quotidien qui nous aidera à contrôler les pensées de notre esprit ainsi qu'à appliquer les leçons de ce livre.

SUGGESTIONS POUR DONNER VIE AUX PRINCIPES DE LA VERITE

1. En vous réveillant le matin, rappelez-vous immédiatement que la paix de l'esprit, la paix de Dieu, est votre seul but, aujourd'hui.

2. Pour avoir cette paix, choisissez de renoncer à toutes pensées négatives de peur, de culpabilité et de douleur que vous avez pu trouver dans votre esprit à votre réveil.
Fermez les yeux et imaginez que les rayons du soleil sont l'amour de Dieu et qu'ils sont dirigés comme un faisceau de lumière vers le centre de votre cœur.
Sentez ensuite la lumière de l'amour irradier de votre cœur, au travers de votre corps.

Cette lumière qui irradie unit maintenant chaque être vivant dans ce monde, sans exception. Faites-en l'expérience.

3. Rappelez-vous que Dieu veut aujourd'hui pour vous le bonheur parfait.
   Avec un sourire sur votre visage et dans votre cœur, allez dans le monde et partagez ce bonheur avec tous ceux que vous rencontrez.

4. Décidez aujourd'hui que vous n'accorderez à personne, ni aux circonstances extérieures, le pouvoir de vous rendre heureux ou malheureux.

5. Après avoir lu le matin, la leçon du jour, accordez-vous au moins dix minutes de tranquillité afin que la leçon devienne une partie de vous-même.

Pendant la journée, si possible une fois toutes les heures, révisez ces principes et appliquez-les à vos activités quotidiennes.

Dans la soirée, avant de vous coucher, prenez dix minutes pour réviser les leçons à nouveau. Abandonnez toutes les pensées négatives que vous avez eues dans la journée. Puis détendez-vous et permettez-vous de ressentir la paix de Dieu.

DEUXIEME PARTIE

INTRODUCTION

Les quatorze leçons suivantes montrent comment les concepts que nous venons de voir dans la Première Partie peuvent être directement appliqués dans les situations que vous allez probablement rencontrer dans votre vie quotidienne.

A la fin de chaque leçon, vous trouverez une marche à suivre pour vous aider à intégrer la leçon dans vos expériences quotidiennes. Votre apprentissage n'exige pas que vous en réalisiez chaque étape. Certaines vous conviendront mieux que d'autres. L'important est que vous fassiez de votre mieux, mais surtout *ne vous culpabilisez pas* .

Ces leçons peuvent nous aider à apprendre que nous sommes reponsables de nos actes et de nos pensées.

En reconnaissant et en acceptant cette responsabilité, nous sommes libres de choisir le pardon plutôt que la culpabilité, la paix plutôt que le conflit, libres de ressentir la puissance infinie de l'amour par la guérison de nos relations.

«La culpabilité demande la punition et sa requête est accordée».

LEÇON 1

LE PARDON GUERIT ET MET FIN AU JEU DE LA CULPABILITE

Guérir, c'est rejoindre le tout. Par conséquent, la guérison tient de l'esprit et non du corps.

Le plus grand des obstacles à la paix de l'esprit, ou à la communion dans l'amour, est notre peur de Dieu. Parce que nous croyons être séparés de Lui, nous nous sentons coupables, en conflit et en compétition avec les autres.

La guérison est le processus par lequel notre esprit est purifié de ses pensées négatives de peur et de culpabilité — de tous ces jugements culpabilisants, qui vous rendent vulnérables, isolés et dissociés. Ce processus s'accomplit grâce au pardon.

Pour que la guérison s'accomplisse, il est essentiel que nous nous rappelions, lorsque nous nous trouvons en présence d'une autre personne, que notre seul but est cette communion sans jugement.

L'ESPRIT GUERI

L'esprit guéri ne connaît pas la séparation. Parce qu'il ne contient que les pensées aimantes de Dieu, il est en paix, dénué de culpabilité, de douleur ou de conflit. Son identité est en harmonie parfaite avec l'amour intégral. Il ne nie pas le corps mais il le perçoit comme un véhicule neutre pour la communication de l'amour sans les interférences du conflit.

LE JEU DE LA CULPABILITE

Toutes les interactions conflictuelles que nous pouvons avoir avec les autres, peu importe leurs formes, sont tout simplement des variations du jeu tourmenté avec les questions: qui est coupable? Qui est innocent? Avec qui serons-nous en sécurité? Qui avons-nous à craindre? Notre jugement de culpabilité est basé sur l'interprétation de nos expériences passées que nous revivons dans le présent. Notre ego refuse de reconnaître que ce que nous voyons ou entendons vient de l'intérieur — comme une pensée issue de notre propre esprit. L'ego se fortifiant par l'attaque va frapper de punition tous ceux qu'il considérera comme coupables — soit nous-mêmes, soit les autres. Lorsque nous n'attacherons plus aucune valeur à la culpabilité, nous choisirons de ne voir que l'innocence des autres et de nous-mêmes. Quand nous nous délivrerons de la culpabilité, nous pourrons enfin accueillir l'amour.

L'ESPRIT CONTROLE LE CORPS

Le but du pardon est de guérir l'esprit, non le corps. Une fois que nous avons complètement pardonné aux autres et à nous-mêmes et que nous sommes par conséquent capables de renoncer à nos pensées agressives et à notre culpabilité, l'esprit revient à son état naturel aimant. Le besoin de souffrir n'étant plus nécessaire, le corps en harmonie avec l'esprit permet à la douleur et à la maladie de disparaître.

Quand nous éprouvons de la douleur, il faut savoir que ce n'est pas le corps qui contrôle l'esprit, mais l'esprit qui contrôle le corps. Cette leçon est particulièrement difficile à accepter quand nous souffrons d'une maladie qui justifie la réalité de la douleur.

LA DECISION DE MILDRED

J'avais accepté une invitation pour faire une conférence dans le cadre d'un séminaire de deux jours. L'organisatrice du séminaire, une femme que j'appellerai Mildred, devait venir me chercher à l'aéroport.

A mon arrivée, Mildred n'était pas là. Comme j'attendais en regardant autour de moi, un homme s'approcha de moi et se présenta comme le mari de Mildred. Il m'expliqua que Mildred l'avait chargé de venir me chercher car elle souffrait de la vésicule biliaire depuis deux jours. Elle devait se rendre à l'hôpital cet après-midi même pour se faire opérer.

J'avais quelques heures avant ma conférence, aussi demandais-je si je pouvais voir Mildred. Lorsque nous arrivâmes, elle nous accueillit d'une voix faible et annonça qu'elle attendait un appel téléphonique de son médecin qui devait la prévenir dès qu'il lui aurait trouvé une place à l'hôpital. Il était évident qu'elle souffrait beaucoup.

Au cours de la conversation, je lui suggérai qu'elle pouvait se détendre en ne pensant qu'à des choses positives et en disant: «Je suis» en inspirant et «détendue» en expirant. Après quelques minutes passées à faire ensemble cette petite méditation, elle put déjà relâcher un peu la tension de son corps

Je lui demandai ensuite si elle était consciente d'avoir éprouvé une période de stress quelque temps avant le début de la crise. Elle répondit qu'en fait, elle avait été très perturbée par l'attitude de son patron, un médecin pour lequel elle avait travaillé comme réceptionniste pendant quinze ans.

Elle m'expliqua qu'il lui avait donné récemment le feu vert pour redécorer le bureau, tâche qu'elle avait accomplie avec grand plaisir. Elle ajouta qu'elle fut particulièrement satisfaite d'avoir eu ainsi l'occasion d'enlever les «horribles» tableaux accrochés aux murs par la sœur du médecin plusieurs années auparavant.

Mildred et son patron furent enchantés du résultat des transformations. Mais quelque temps après, la sœur du médecin, en visite, s'aperçut que ses toiles avaient été enlevées. Il s'ensuivit une confrontation dans laquelle, vous le devinez, le médecin prit le parti de sa sœur et demanda à Mildred de raccrocher les tableaux. Mildred interpréta la réaction de son patron comme un rejet et quitta son travail.

Toutefois, Mildred n'avait pas fait le rapport entre cette expérience «stressante» et le début de sa crise de vésicule biliaire. Elle les percevait comme deux événements séparés. Elle avait nié la culpabilité que lui inspirait sa rage et ne voyait pas que cette culpabilité pouvait jouer un rôle dans son besoin de se punir elle-même. Elle préférait croire que sa contrariété actuelle était due à cette crise douloureuse qui l'empêchait de participer à la conférence pour laquelle elle avait tant œuvré et à laquelle elle aurait tant voulu assister.

Je suggérai à Mildred qu'il lui était possible de changer son système de croyance. Au lieu de considérer son ancien patron comme un agresseur l'ayant rejetée, elle pouvait choisir de le voir comme un être apeuré demandant de l'aide. Je lui rappelai aussi qu'elle n'avait pas à pardonner, qu'il lui suffisait de le vouloir. Son maître intérieur, la voix de l'amour, ferait le reste.

Je pris ses mains dans les miennes et ensemble nous priâmes. Je ne demandais pas à Dieu de supprimer la douleur de Mildred. C'était plutôt une prière de gratitude pour Sa présence et la possibilité qu'Il nous donnait de nous joindre à Lui. Après vingt minutes de silence, Mildred ouvrit les yeux et dit qu'elle éprouvait une «grande paix» et que sa douleur avait complètement disparu.

Un peu plus tard, le téléphone sonna et Mildred répondit. C'était son médecin. En premier lieu, il ne reconnut pas sa voix qui n'était plus affaiblie et n'exprimait plus la douleur mais, au contraire, était ferme et pleine de vitalité. Il téléphonait pour dire qu'il lui avait trouvé une place à l'hôpital. Quand elle lui dit ne plus souffrir et se sentir bien, au point d'annuler son opération, il en fut très surpris. Pourtant il accepta sa décision et lui demanda de le prévenir si sa douleur revenait.

En fait, Mildred participa aux deux jours du séminaire et devint un maître pour nous tous, ayant démontré la puissance de l'esprit sur le corps. Depuis ce temps, nous avons continué de correspondre et, à ce jour, Mildred n'a plus aucun problème avec sa vésicule biliaire.

LAURA OUVRE LA PORTE DU BONHEUR

Notre ego est très habile à imaginer des stratagèmes afin d'assurer sa survie. La peur est essentielle à cette survie car, sans elle, l'ego cesserait d'exister. Le sentiment d'être agressé est à l'origine de la peur et lorsque nous nous sentons agressés, l'ego nous conseille la peur, la défensive et la contre-attaque.

La lettre de Laura nous rappelle que les raisons de nos perturbations ne sont jamais celles auxquelles nous pensons et que la guérison de nos relations dépend du pardon et de l'abandon de la culpabilité.

«Cher Docteur Jampolsky,

J'ai toujours été un être intensément spirituel. Née dans une famille juive, j'étais également préparée à embrasser passionnément tout véhicule spirituel qui pourrait m'offrir le «nirvana».
En mars 1981, après quinze années de mariage, alors que j'étais dans une période de séparation de dix-huit mois qui se termina par un divorce, j'appris que ma mère avait un cancer de l'estomac et avait besoin d'être opérée immédiatement. Je pris l'avion pour la Floride afin d'être auprès d'elle.
J'étais aussi sentimentalement très attachée à un homme qui, bien qu'étant une personne remarquable, se révélait nuisible pour ma personnalité. Cela me troublait peut-être encore plus que la possibilité de perdre ma mère que j'aimais «désespérément» et dont j'avais besoin.
J'étais à tel point angoissée que je rêvais de mon mari, de mon ami et de mon analyste. Tous trois me soulevaient très haut et Jésus essayait de me toucher du bout des doigts, mais sans succès. Je sentais que tous m'y poussaient. Je me sentais écrasée. Je m'autodétruisais en me battant contre la mort.
J'allais voir mon analyste qui, dans sa soif d'aider, me répétait que je devrais être en colère contre la manière dont tout le monde me traitait.
Je me rendis dans le seul endroit paisible que je connaissais — un lac — pour purifier mon corps et mon esprit, et tout s'illumina ! Je commençais à pardonner — à me détacher — et je compris dans l'instant ce que voulait dire le mot «baptême» — le

message de Yom Kippur — Dieu me pardonnait. Tout ce qui me restait à faire était de pardonner aux autres.
C'est ce que je fis; je pardonnai à mon mari. Je pardonnai à mon ami — qui resta incrédule lorsque je lui en fis part.
Mais qu'il ne me crût pas n'avait plus d'importance car moi j'y croyais. Je le savais. J'étais lumière — j'étais purifiée — je renaissais. J'étais en paix, j'étais heureuse.
Vous m'avez rappelé que lorsque je suis agressée, ce n'est pas réellement moi qui le suis, mais les agresseurs eux-mêmes. Ils agressent leur peur, leur culpabilité, leur propre sentiment d'impuissance. J'ai appris à les aimer davantage car j'ai appris qu'ils avaient besoin d'encore plus d'amour. Plus quelqu'un «agresse», plus il a besoin d'amour et plus je me dois d'aller vers lui pour le rassurer.
Je les aime encore tous deux. Je ressens leur douleur; parfois je peux les aider — mais je ne me sens plus jamais menacée.
Deux ans plus tard, cet ami vint pour me dire qu'il s'était finalement rendu compte que je l'avais vraiment pardonné — mais, qu'en 1981, il ne pouvait pas me croire, ne s'étant pas pardonné lui-même. Maintenant qu'il le pouvait, il acceptait mon amour inconditionnel et mon pardon.
Merci de m'avoir aidée à ouvrir la porte.»

Laura

Laura me raconta aussi que quelques heures seulement après s'être sentie «renaître», elle rencontra un homme qui devint son mari deux ans plus tard. Elle écrivit :

«Je sais maintenant ce qui s'est passé. J'avais été préparée à recevoir un «don» de Dieu. Je devais d'abord mettre fin à ma vie passée — faire la paix avec tout le monde, avec moi-même, avec Dieu — pour être prête à recevoir ce «don».»

LE PARDON GUERIT ET MET FIN AU JEU DE LA CULPABILITE

Le monde que je vois avec les yeux de la culpabilité et le refus du pardon est vraiment un monde menaçant. Pourtant il existe une autre façon de regarder ce monde. Je peux choisir de regarder les gens et les choses familières comme si je les voyais pour la première fois. Sans ma culpabilité et mon refus de pardonner le passé, je peux ressentir la paix, la beauté et le contentement qui sont présents autour de moi et en tous ceux qui font partie de ma vie.

ETAPES POUR INTEGRER LA LEÇON D' AUJOURD' HUI DANS NOS EXPERIENCES QUOTIDIENNES

1. Identifiez quelqu'un avec qui vous jouez aujourd'hui le jeu de la culpabilité. Décidez de pardonner à cette personne et répétez en vous-même: *Le pardon guérit et met fin au jeu de la culpabilité.*

2. Pensez à quelqu'un à qui vous n'avez pas encore pardonné. Dites, face à cette personne : «Aide-moi, s'il te plaît, à me débarrasser du passé et, dans l'amour, unissons-nous comme deux frères/sœurs». (S'il ne vous est pas possible de le lui dire directement, répétez-le mentalement.)

3. Pensez à un projet particulier que vous pourriez réaliser avec quelqu'un d'autre aujourd'hui. Pendant que vous œuvrez dans ce but, pensez à au moins deux façons différentes par lesquelles vous pouvez démontrer votre désir de partager amour et paix.

4. Prenez l'engagement de vivre aujourd'hui une communion avec une autre personne: votre conjoint, votre enfant, un parent, un ami, un collègue, et donnez suite à votre décision.

5. Au cours de la journée, lorsque vous sentez venir la peur, la culpabilité ou des pensées rancunières, dites plusieurs fois: «Dans cet instant je te libère (spécifiez le nom) ainsi que moi-même d'un monde coupable qui ne veut pas pardonner. Ensemble nous sommes unis dans la vision d'un monde guéri et libre de toute culpabilité».

«La colère n'est rien d'autre qu'une tentative de culpabiliser quelqu'un »

LEÇON 2

CHOISIR L'AMOUR ME DELIVRE DE LA PEUR

Nous pouvons choisir la liberté ou l'esclavage. Nous pouvons choisir l'amour ou la peur et la culpabilité. Notre ego s'efforce de nous faire croire que nous n'avons pas le choix. Il nous encourage à penser que non seulement la peur est réelle, mais justifiée, normale et saine. Il insiste pour nous faire croire que les événements extérieurs à nos vies sont au-delà de notre contrôle et que, lorsque nous sommes impliqués dans ces événements, nous n'avons d'autre choix que d'avoir peur. D'après notre ego, la peur n'est pas un choix, mais fait partie intégrante de notre expérience.

Certains jours, trop fréquents malgré nos bonnes intentions et notre désir d'avancer sur le chemin spirituel, nous choisissons la peur et permettons à notre ego de prendre possession de nous. Quand cela m'arrive, j'ai l'impression que le monde m'a écrasé tout au long de la journée, causant un trouble profond et me laissant avec un sentiment d'appréhension et de peur que je ressens au creux de l'estomac et jusque dans mes os. Si, à ce moment-là, quelqu'un osait me dire que ce que je ressens est la conséquence d'un choix, je penserais certainement que cette personne ne comprend rien à la vie. Notre ego est si trompeur qu'il veut nous convaincre que nos réactions émotionnelles sont causées par les gens et les événements extérieurs et qu'elles n'ont rien à voir avec nos pensées.

UN AUTRE CHOIX

Ce sont les idées que nous nous faisons des événements qui détermineront l'expérience que nous ferons — soit de paix ou de conflit, soit d'amour ou de peur. La citation suivante, tirée du *Cours sur les miracles*, est très utile pour résister à la tentation d'interpréter, de juger, d'avoir peur.

> «Ce qui n'est pas l'amour est toujours la peur,
> et rien d'autre.»

Ce concept est si merveilleusement simple que mon ego continue à lui résister. Pourtant, il y a des moments où je suis prêt à ouvrir mon cœur au don de l'amour de Dieu, où je n'écoute que Ses mots. C'est pendant ces moments-là que je suis capable d'éprouver une paix plus grande.

Lorsque je prie et que je fais de mon mieux pour écouter les mots de Dieu, jamais je n'entends qu'il faut essayer de changer les autres ou leur donner des conseils sur ce qu'ils doivent faire. Ma voix intérieure me demande plutôt de me «réveiller» et de reconnaître la présence de la lumière de Dieu en moi qui illumine tout l'univers et qui me revient. Ma voix intérieure m'a aussi demandé de reconnaître qu'en tant qu'enfant de Dieu, je suis uni à tous les autres en une Entité indivisible.

MAITRES SPIRITUELS

La plupart des maîtres spirituels qui ont marqué l'histoire de l'humanité ont un point commun:

s'engager totalement envers Dieu et pardonner au monde et à tous ceux qui y vivent. Mon ego mettait en doute la parole du maître spirituel Jésus disant que nous pouvons tous faire ce qu'il avait fait dans sa vie, et même plus. Cela me semblait une belle rhétorique, mais au plus profond de moi, je ne pensais vraiment pas qu'elle s'appliquait à moi. Comment aurai-je pu réussir à ne pas juger et à pardonner aussi complètement que Jésus?

JUSTIFICATION

Nous voudrions accepter que nous sommes capables de pardonner et de ne plus juger, mais nous croyons en réalité que: «Oui, c'était peut-être possible pour ceux, peu nombreux, qui furent reconnus comme maîtres spirituels et peut-être pour ceux qui furent moins connus, mais pas pour moi.» Nous justifions notre scepticisme en ajoutant: «Après tout, les choses étaient bien différentes à l'époque où vivaient ces êtres exceptionnels, mais les problèmes auxquels nous sommes confrontés aujourd'hui sont bien plus complexes et difficiles».

Pourtant je suis certain que nos problèmes d'aujourd'hui sont exactement les mêmes que ceux des gens vivant des milliers d'années auparavant — seules leurs formes sont différentes. La tentation de juger et de condamner les autres, d'agir comme des moutons en suivant la majorité plutôt que notre maître intérieur, d'évaluer et de nous diviser en «innocents» et en «coupables», sont les mêmes problèmes auxquels l'humanité a toujours été confrontée.

ENGAGEMENT

Mon engagement envers Dieu n'a certainement pas

toujours été ferme, mais dans les moments où j'ai pu le faire, j'ai vraiment éprouvé un sentiment glorieux d'unité et de plénitude. Mon esprit se sentait uni aux autres esprits dans le but d'étendre la joie et l'amour. Je trouve que j'ai constamment besoin de me souvenir que la colère — peu importe si elle semble justifiée — ne m'apporte jamais la paix de l'esprit.

Récemment, dans une conversation avec Mère Térésa, je lui disais mon désir d'apprendre l'engagement et l'abandon total à Dieu. Gentiment, elle me répondit que j'étais trop dur avec moi-même. Elle ajouta: «Ce qui est important, c'est l'intention de consacrer notre vie à Dieu — mais en vivant dans le monde, il n'est pas possible de Lui donner notre attention constante. C'est l'intention qui compte».

DONNER ET PARDONNER

Nous pouvons sentir la présence sereine de Dieu quand nous consacrons seulement un instant à donner et à pardonner — plutôt qu'à prendre et à blâmer. En apprenant à donner plus, nous découvrons que donner *est* recevoir. Nous pouvons alors comprendre pourquoi il est important d'abandonner notre investissement dans la culpabilité, la condamnation et le blâme. Et ainsi, nous comprenons que nous devons accepter la responsabilité de notre liberté et de notre bonheur.

Ce sont nos propres pensées qui déterminent si nos esprits sont unis dans l'amour avec les autres esprits ou si nous vivons dans un monde de division, toujours vulnérables à l'agression. Cette perception de notre vulnérabilité à l'agression est en réalité une défense contre la paix de Dieu.

«REPARER» MON ESPRIT

En exemple, je voudrais vous raconter l'histoire qui m'est arrivée l'année dernière avec la compagnie du téléphone.

Je travaillais alors dans ma maison où j'ai deux appareils. Les interférences entre les deux provoquaient de tels parasites qu'il était impossible d'entendre quoi que ce soit. Ma secrétaire fit appel au service de réparation et, malgré leur intervention rapide, les téléphones ne fonctionnaient à nouveau plus deux heures plus tard. Le lendemain après une nouvelle visite de l'employé de la compagnie, ils se détraquaient à nouveau.

Il en fut ainsi pendant deux semaines. Chaque jour, je devenais de plus en plus frustré, justifiant la colère qui faisait rage en moi. Mes pensées concernant cette affaire n'avaient rien à voir avec le pardon.

Je me considérais comme une victime, je croyais que la paix de mon esprit dépendait du bon fonctionnement de mes téléphones. J'accusais la compagnie du téléphone et leur employé d'être la cause unique de mon infortune. Toutes pensées de Dieu et d'amour m'échappaient complètement.

Une semaine plus tard, alors que j'avais abandonné tout espoir, un nouvel employé se présenta à ma porte. j'allais lui dire sans mâcher mes mots tout ce que je pensais de l'incompétence de ses prédécesseurs, quand je compris soudainement que ma paix intérieure ne dépendait pas du bon fonctionnement de mes téléphones. Il m'apparut que je m'installais dans une réalité négative et qu'en continuant de refuser de pardonner, j'allais être la cause de bien d'autres désagréments. (O combien notre esprit-ego est obstiné et trompeur!)

Je décidai de le laisser avec les téléphones, j'allai m'asseoir à mon bureau et me concentrai pour lui envoyer des pensées d'amour inconditionnel. J'essayais de ne voir en lui que la lumière de l'amour de Dieu.

Quarante minutes plus tard, il revint pour m'annoncer que les téléphones fonctionnaient. Je le remerçiai, puis il ajouta qu'il m'avait vu plusieurs fois à la télévision parler de la guérison des attitudes et qu'il aimerait que je lui en dise plus à ce sujet. Alors que je commençai à lui expliquer quelques-uns des principes de cette guérison, je me surpris à insister encore et encore sur l'importance du pardon dans ce processus de guérison. Je ne pouvais pas m'empêcher d'être amusé par l'ironie de la situation — voilà que j'essayais d'enseigner à quelqu'un la signification du pardon, alors que c'était moi qui avait besoin de l'apprendre! Avant qu'il parte, je lui donnai un exemplaire de mon livre *Aimer c'est se libérer de la peur*, ce qui sembla lui faire plaisir.

Le jour suivant, mes deux téléphones étaient à nouveau en dérangement et ma secrétaire appela encore une fois le service de réparation. Ce soir-là en rentrant chez moi, je trouvai un bordereau de visite sur lequel l'employé avait ajouté une note personnelle. A mon grand étonnement, c'était le même employé qui était venu le jour précédent.

C'était un miracle! Ils avaient envoyé le même employé deux jours de suite! Dans le premier paragraphe, il disait qu'il avait finalement détecté la cause du problème et que les téléphones étaient maintenant opérationnels. Dans le deuxième paragraphe, il me disait que si, dans l'avenir, j'avais encore des difficultés avec mes téléphones, je devais appeler son chef de service — il me donnait son nom et son numéro de téléphone — qui le contacterait directement pour effectuer les réparations nécessaires.

Dans le troisième paragraphe il précisait que si par

hasard je n'arrivais pas à joindre le chef de service, je pouvais téléphoner chez lui, et il me donnait son numéro de téléphone. Avez-vous jamais rencontré un employé du téléphone qui vous donne son numéro personnel? Et par-dessus le marché, il avait signé son mot: «Amicalement, Robert». Il y avait en P.S.: «Votre livre est merveilleux. Il a changé ma vision du monde».

Cette expérience fut une leçon importante pour moi. Il était évident qu'en changeant mes pensées, ma perception de la réalité changeait. Je compris clairement que si j'avais laissé ma colère et mon refus de pardonner dominer mon attitude, j'aurais continué à me sentir en conflit. Mon but fut de retrouver ma liberté en choisissant l'amour au lieu de la peur.

Pour ne pas oublier cette expérience importante, je fis encadrer le mot de Robert et je l'accrochais au mur de mon salon. Mais il y avait aussi une raison cachée qui me fit encadrer son mot: je ne veux pas perdre son numéro de téléphone!

CHOISIR L'AMOUR ME DELIVRE DE LA PEUR

Presque toute ma vie, j'ai réagi automatiquement à ce que faisaient ou disaient les gens. Maintenant je reconnais que mes réactions ne peuvent être déterminées que par les décisions que je prends. Je revendique ma liberté en appliquant mon pouvoir de décision à considérer les gens et les événements avec amour et non avec peur.

ETAPES POUR INTEGRER LA LEÇON D'AUJOURD'HUI DANS NOTRE EXPERIENCE QUOTIDIENNE

1. Il me faut reconnaître aujourd'hui que mes sentiments, quels qu'ils soient, sont déterminés par mes propres pensées. Je choisis de ne garder que les pensées que je veux.

2. Rappelez-vous, à chaque heure de la journée, que l'amour offre la délivrance de la peur. Soyez déterminés à revendiquer votre liberté et laissez toutes les pensées d'amour remplacer les pensées de peur.

3. Quand vous voyez que les choses vont mal pour vous aujourd'hui, arrêtez-vous un moment et dites: «Ce ne sont pas les gens ou les événements qui sont la cause de mes problèmes. Je peux choisir la paix au lieu de me sentir malheureux».

4. Puisque je sais que seules mes pensées peuvent me faire du mal, je vais résister à la tentation de blâmer les autres. Je vais plutôt saisir l'occasion de me voir, ainsi que tous les autres, sans culpabilité et sans peur.

5. Révisez le résumé de cette leçon au moins deux fois aujourd'hui:
   «*Choisir l'amour me délivre de la peur*».

«L'esprit innocent ne peut pas souffrir»

LEÇON 3

A PARTIR D'AUJOURD'HUI JE NE ME FERAI PLUS DE MAL

Il n'est pas rare de nous réveiller le matin avec un sentiment de crainte: «Que va-t-il encore m'arriver de désagréable aujourd'hui?» La presse, la télévision et la radio nous bombardent constamment avec des reportages d'événements qui nous incitent à penser que nous vivons dans un monde dangereux et que nous sommes continuellement exposés à une forme ou à une autre d'agression.

Puisque le système de croyance du monde nous empêche de lâcher prise et de faire confiance, la plupart d'entre nous pense que nous sommes condamnés, un jour ou l'autre, à la souffrance et au désespoir. En nous encourageant à devenir ceux qui recherchent les fautes, ceux qui jugent, l'ego annihile la conscience de cet amour que nous recherchons.

En vérité, l'amour et l'agression ne peuvent pas coexister. Quand nous n'arrivons pas à trouver le bonheur que nous recherchons, l'ego nous convainc que notre peur, notre culpabilité ou notre misère sont causées par les autres ou des conditions extérieures à nous.

---

* *Cours sur les miracles*, manuel p. 330.

Si nous voulons nous libérer d'un système de croyance basé sur la réalité de la peur et de la culpabilité, nous devons être désireux et même déterminés à voir les choses différemment.

LE MONDE DE DIEU

Dans le monde de Dieu, l'amour étant la seule réalité qui soit, il nous est impossible d'éprouver la culpabilité et la peur. Quand nous appliquons la loi de l'amour, chaque pensée et chaque action devient le prolongement de l'amour de Dieu. Ainsi, nous choisissons d'être ceux-qui-cherchent-l'amour plutôt que ceux-qui-cherchent-les-fautes. Par cette décision, nous ne réagissons plus au jugement des autres et du monde.

CHANGEMENT DE PERCEPTION

Les moments où je suis le plus heureux et le plus paisible sont ceux où je me rappelle que la seule chose réelle dans mon esprit est la lumière du Christ, la lumière de Dieu. Quand je l'oublie et que je juge quelqu'un ou quelque chose, je me sens misérable et agressé. Mes propres pensées agressives sont comme des boomerangs qui reviennent me frapper.

Il y a un passage dans le *Cours sur les miracles* qui m'a personnellement beaucoup aidé dans mes efforts à voir les choses différemment:

Aujourd'hui, c'est avec les yeux du Christ que je regarde les choses et donne à chacune une pensée d'amour au lieu de les juger.

Cette affirmation me rappelle que chacune de mes perceptions est déterminée par mes pensées. Quand j'accepte dans mon esprit que seules les pensées de

Dieu se répandent — il n'y a pas de projection, pas de jugement.

GUERIR NOS BLESSURES

Immédiatement après mon divorce, je semblais encore plus attaché à la façon dont mon ego considérait le monde. Il m'apparaissait que le monde était basé sur la culpabilité, la perte, le rejet et le manque d'amour. Je me sentais blessé et incapable d'être aimé. De plus, j'avais besoin de le prouver. Je ne faisais pas confiance aux femmes — et, plus important encore, je ne me faisais surtout pas confiance.

Environ un an et demi après, je crus que mes blessures étaient guéries. Je commençais à contrôler davantage ma vie et pensais pouvoir faire confiance à nouveau à mes sentiments. C'est à peu près à cette période que je rencontrais une femme attirante, intelligente et stable — tout ce que je croyais ne pas être. Par elle, pensais-je, je pouvais atteindre un état de plénitude. Exaltés par la profonde attirance que nous éprouvions, nous étions persuadés d'être un couple béni des Cieux, mais je continuais cependant à boire d'une façon excessive.

Plus tard, j'appris que toute relation basée sur le besoin, ou sur un manque mal compris en soi, est en fait basée sur la haine. Ce que nous appelons l'amour, dans une relation de cette sorte, n'est réellement qu'une illusion de l'amour qui dissimule notre haine envers nos propres carences.

Alors que j'étais encore sous l'emprise du charme de cet amour illusoire, un autre homme entra en scène. Je soupçonnais ma compagne d'être infidèle, mais en fait je ne savais rien de précis. Quand finalement nous en parlâmes, mes pires craintes se confirmèrent. Pour mon ego, ce furent les grandes manœuvres. Je fus à nouveau envahi par mes vieilles obsessions d'être indésirable, médiocre et haïssable. Personne n'aurait pu me convaincre que ce n'était pas ma compagne et son nouvel amant qui me faisaient du mal! Je n'aurais pas pu croire que seules mes pensées pouvaient me blesser.

Quand nous laissons dominer notre ego, particulièrement dans nos rapports amoureux, la jalousie et la possessivité nous consument. Nous croyons que la personne que nous aimons est la cause de notre souffrance. Et si cette personne consacre son temps et son attention en grande partie à quelqu'un d'autre, ce prétendu amour se tranforme alors en haine. Nous sommes déchirés lorsque la personne aimée veut rompre pour partager une autre intimité.

L'ego persiste à nous dire que c'est l'autre qui nous fait du mal et que notre colère est justifiée. Il nous voudrait vulnérables pour le restant de nos jours et tenaillés par la peur que tout cela recommence si nous nous engageons dans une autre relation intime. Il nous enseigne que nous ne pouvons faire confiance ni à autrui, ni à nous-même, ni à Dieu. Il voudrait nous faire croire que le passé va se répéter et que notre sécurité repose sur le refus du pardon.

Il m'a fallu longtemps pour reconnaître que j'avais seul le pouvoir de me faire du mal. La duplicité et le manque de confiance dont j'accablais les autres étaient en fait mes propres problèmes.

Quand finalement je pris en charge mes pensées et que je déculpabilisais ma compagne et son amant, je fus alors capable, par le pardon, de laisser aller le passé et le sentiment erroné d'avoir été leurré. Ma relation avec eux put ainsi guérir.

Sans culpabilité, je n'ai plus aucun besoin de me faire du mal. En réfléchissant sur cette expérience, je constate maintenant que c'était vraiment une relation «amour-haine». Nous éprouvons de l'amour lorsqu'un autre satisfait à nos besoins, dans le cas contraire il est probable que nous ressentions de la haine. Dès que nous cherchons à obtenir quelque chose de quelqu'un, nous perdons le pouvoir de décider de notre propre bonheur. Nous donnons à l'autre le pouvoir de nous faire du mal.

Si nous pensons que les autres sont la cause de notre souffrance, de notre frustration ou de notre haine, cela signifie simplement que nous nous servons de cette relation pour annihiler la conscience de la présence de Dieu en nous. Cette relation privilégiée est basée sur les illusions et les besoins de l'ego, par opposition à la relation sainte où deux volontés sont unies et vouées à Dieu.

Pour la plupart d'entre nous, il est difficile de mettre Dieu au premier rang dans nos relations. C'est pourtant ce que nous devons faire si nous voulons trouver une paix durable.

Nous devons renoncer aux besoins de notre ego et admettre ce qu'ils sont vraiment — des illusions. Rappelons que nous devons prendre conscience qu'il n'y a pas de séparation, que nous sommes toujours unis dans l'amour de Dieu qui veut notre bonheur parfait et que nous sommes des entités achevées, un tout, sans lacunes ni besoins.

Quand nous nous sentons blessés, c'est parce que nous avons identifié le corps des autres à une réalité — au lieu de reconnaître que leur vraie réalité réside dans la nature non physique de l'amour.

VICTIME DE L'UNIVERS

Je reçus récemment la lettre d'une jeune femme, Janie Peto, qui décrit la joie que nous pouvons ressentir lorsque nous voulons bien renoncer à notre passé coupable, ainsi qu'à nos jugements condamnatoires des autres et de nous-mêmes.

«Cher Docteur Jampolsky,

Je viens de finir de lire votre article, écrit avec Patricia Hopkins, dans la revue Unity Magazine de février.
Je me sentais de mauvaise humeur, agitée, déprimée, prête à perdre les pédales avec mes inquiétudes ou simplement à aller me coucher. Je fis les cents pas, pris le magazine, l'ouvris sur votre article et après l'avoir lu d'un trait, je fondis en larmes. Mon Dieu! Combien me suis-je punie moi-même! Si j'ai été un échec aux yeux de Dieu, c'est parce qu'Il regardait par mes yeux! Si rien n'est impossible, alors je peux encore peut-être me sauver malgré tout!
Bref, j'ai recherché toute ma vie un «traitement» pour les nerfs, la dépression, les phobies — toute la gamme. J'étais convaincue d'être née «victime de l'univers». J'attirais à moi les perdants, les brutes et les cruels. Je n'ai jamais eu une relation sincère. Il y a environ dix ans, je renonçai et m'enfermai dans la solitude. Je pensais que l'amour n'existait qu'au cinéma.
Puis, en juin dernier, Dieu m'ouvrit une porte. Il m'envoya l'âme sœur. A cause de ses blessures passées et de ma sombre douleur, notre relation se développa lentement et douloureusement. Je m'attendais toujours au pire.
Grâce à la prière, j'ai été capable de «m'accrocher» à cet homme toute l'année dernière et d'améliorer considérablement notre relation. Je partage la lumière avec lui et nous redevenons des êtres humains! Je suis si heureuse maintenant que je pourrais le crier!
Après avoir lu votre article, mon ami m'appela et m'offrit de sortir avec lui! Grâce à vous, je peux

m'élever plus haut — car je m'approche de la vérité! Je retombe facilement dans la peur et le «trou», mais lorsqu'une chose inspiratrice comme celle-là m'arrive, tout change! Je peux croire! Je peux espérer! Quelle merveilleuse sensation!
Mon problème n'est rien comparé à ce qui se passe sur notre planète mais, Docteur Jampolsky, le rayon de soleil que vous avez envoyé à cette petite âme a été grandement apprécié.

Merci!
Que Dieu vous bénisse!
Amour et Lumière»
Janie Peto

«A partir d'aujourd'hui, je ne me ferai plus de mal» veut dire que nous sommes résolus à admettre que les illusions sont sans effet et que seules nos pensées peuvent nous blesser. Quand nous reconnaissons que la relation avec Dieu est la seule sincère — et que c'est une relation d'amour toujours parfaitement achevée et satisfaisante — nous ne nous sentons plus jamais vides et nous pouvons voir l'entité divine en chacun. En offrant l'amour, nous en possédons davantage qu'auparavant.

Avec la certitude que notre vraie réalité est l'amour, nous comprenons que rien de réel ne peut être menacé et que rien d'irréel n'existe.

JE NE FERAI PAS DE MAL A NOUVEAU AUJOURD'HUI

Je reconnais que mes pensées agressives dirigées vers les autres le sont en fait vers moi-même. Quand je crois qu'agresser les autres m'apporte ce que je veux, qu'il me soit rappelé que c'est toujours moi-même que j'agresse.

ETAPES POUR INTEGRER LA LEÇON D'AUJOURD'HUI DANS NOTRE VIE QUOTIDIENNE

1. Passez en revue vos relations et choisissez celle dans laquelle vous vous sentez le plus vulnérable à la peine et à la souffrance. Puis, admettez que seules vos pensées peuvent vous faire du mal et dites-vous: «Je suis résolu à ne plus m'agresser à nouveau. (Précisez le nom), je choisis de n'éprouver que l'amour plutôt que la souffrance dans ma relation avec toi aujourd'hui.»

2. Renoncez aujourd'hui, ne serait-ce que pour un instant, à la croyance que quiconque a le pouvoir de vous faire du mal. Dites plutôt à qui semble vous menacer: «Je te vois uni à moi dans la lumière de l'amour qui guérit».

3. Réaffirmez votre volonté de ne voir que l'entité divine dans tous ceux que vous rencontrez aujourd'hui. Imaginez que vous portez un *«philtre* d'amour» sur vos yeux et dans vos oreilles. Soyez prêt à ne voir et à n'entendre que des visages et des mots aimants aujourd'hui.

4. Si vous sentez que la paix de votre esprit est menacée dans une de vos relations, aujourd'hui, dites-vous: «Je ne vais pas me servir de toi (précisez le nom), pour annihiler ma conscience à la présence de Dieu en nous deux».

5. Au moins trois fois aujourd'hui, répétez l'affirmation suivante: «Puisque je suis entouré et protégé par l'amour de Dieu, je choisis de ne pas me faire de mal à nouveau aujourd'hui».

«Les innocents n'ont pas peur
car ils sont en sécurité
et le reconnaissent.»

LEÇON 4

JE NE ME SENTIRAI PLUS LIMITE

On ne répètera jamais assez que tout ce que nous voyons ou entendons, toutes les émotions que nous ressentons sont issus des pensées que nous avons nous-mêmes générées. Nos illusions sur nous-mêmes et sur le monde sont les mêmes et ne font qu'un.

Quand nous sommes contrariés, nous nous imaginons limités et nous nous sentons les victimes du monde. Pourtant nos contrariétés n'ont rien à voir avec le monde extérieur. Elles sont simplement un reflet de nos pensées. Bien que je le dise avec une très grande conviction, je dois vous confesser que chaque jour je suis tenté de croire que ce que je vois et entends autour de moi est réel — et je ne suis pas toujours capable de résister à cette tentation.

LA PERCEPTION EST UN CHOIX

Notre ego ne veut surtout pas que nous pensions que la perception est un choix et non un fait établi. Il est si habile à tout déguiser que nous tombons dans le piège qui nous fait croire que nous sommes les victimes de nos perceptions. La seule chose qui puisse nous sauver est le concept du pardon, par lequel nous pouvons supprimer les limites que nous nous sommes imposées et voir la lumière en nous-mêmes et dans les autres.

La technique de l'ego pour nous empêcher d'être responsables de nos propres pensées est fort sournoise et ingénieuse. Par exemple, il nous encourage à évaluer et à interpréter afin de justifier la peur, la souffrance et l'angoisse. Il encourage le doute et l'incertitude; la paix est son ennemie. En usant de la tromperie, il voudrait nous faire croire que tous nos ennuis et malheurs sont causés par les autres ou les circonstances extérieures.

LE PLAN DE L'EGO POUR SA SURVIE

Le concept de l'intemporel n'est pas à la portée de l'ego. Au contraire, il exige que nous acceptions comme réel un monde dont l'existence dépend du passé, du présent et du futur. De plus, il entretient l'illusion que nous sommes limités, dans le présent, par des événements passés qui probablement se répéteront dans l'avenir.

Pour survivre, l'ego doit nous faire croire que nous sommes séparés des autres esprits et limités aux dimensions du corps physique. Son plan de survie est basé sur les reproches et les griefs que nous entretenons envers les autres corps séparés. Sa réalité est un monde fragmenté, divisé, un monde sans amour.

SE LIBERER DE LA PRISON DE LA CULPABILITE

Quelqu'un m'a donné récemment un livre où il y avait cette citation de Tolstoï. Je pense qu'elle exprime d'une façon poétique la quintessence de la leçon d'aujourd'hui:

«Jésus-Christ enseigne aux hommes qu'il y a quelque chose en eux qui les élève au-dessus de cette vie de précipitations, de plaisirs et de peurs. Celui qui comprend l'enseignement du Christ est comme un oiseau qui, ne sachant pas qu'il avait des ailes, se rend compte qu'il peut voler, être libre et qu'il n'a plus jamais besoin d'avoir peur.»

Nous *sommes* «élevés» ou soulevés quand nous décidons de vivre ce moment où il n'y a ni temps, ni espace et où nous ne voyons que par la lumière du Christ qui nous unit, dans l'amour et la communion, les uns aux autres et à Dieu. Nous sommes libérés de toutes limites quand nous ne sommes plus prisonniers de la culpabilité.

REUSSIR L'EXAMEN

En 1980, alors que j'étudiais le *Cours sur les miracles* depuis cinq ans, j'eus soudain à faire face à une crise qui me fit très peur. A cette époque, mes peurs me semblaient très justifiées et réelles. Dans ma panique, je décidai de ne plus étudier le *Cours*.

Voici ce qui était arrivé. Je rentrais d'une tournée de conférences et ma secrétaire, après m'avoir accueilli, me demanda de m'asseoir car elle avait de mauvaises nouvelles à me communiquer. C'était peu dire! Elle m'annonça que mon permis d'exercer la médecine n'était plus valable et, de surcroît, d'après les registres de l'Etat, je n'avais plus de licence pour pratiquer la médecine en Californie depuis 1973! Je n'en croyais pas mes oreilles.

Après plusieurs jours, et ce qui plus tard me sembla être des centaines de coups de téléphone effrénés, j'appris la cause de cette situation. En 1973, le Conseil d'Etat de Garantie d'Identité Médicale avait négligé d'envoyer quelque trois cents factures de renouvellement de licences, et la mienne était dans le lot. Ne me doutant de rien à ce moment-là, je croyais que la facture était arrivée, la cotisation annuelle payée comme d'habitude par mon comptable et que tout était en règle. Ce n'était malheureusement pas le cas et ma licence m'avait été retirée.

Tout cela expliquait pourquoi je me trouvais dans cette situation peu enviable, mais le fait de ne pas avoir renouvelé ma licence relevait de ma responsabilité — facture ou pas. Pour être à nouveau reconnu par le Conseil de l'Ordre, on m'informa qu'il me fallait repasser l'examen d'Etat. Il y avait plus de trente ans, en 1949, que j'avais passé cet examen pour la dernière fois et je n'étais plus du tout familier avec les matières que j'étais censé connaître pour réussir. N'ayant jamais été très performant dans les examens — et il n'y avait aucune raison pour que celui-ci soit une exception — j'étais très inquiet. De plus, étant donné mes autres responsabilités, je ne voyais pas où trouver le temps d'étudier. Je pensais que le monde voulait me détruire en limitant mes fonctions professionnelles. Personne n'avait besoin de me dire que j'étais une victime, j'en étais persuadé!

L'examen était un oral dirigé par deux médecins. J'étais convaincu que ma première réponse révèlerait mon incompétence et que jamais ma licence ne me serait rendue. J'étais sûr qu'ils allaient me tailler en pièces et que cela ne leur prendrait pas longtemps.

Après m'être laissé aller pendant quelques semaines à ces noires hypothèses, je compris mon erreur: mon esprit n'était pas en paix. Je décidais de reprendre mon étude journalière du *Cours*.

En recommençant à méditer et à demander conseil à mon guide intérieur, je pris conscience que les examinateurs n'allaient pas me contrer mais m'aider.

Ma voix intérieure me dit de ne pas les considérer comme des ennemis, mais comme des frères — des amis. La voix me conseilla d'étudier pendant les deux mois précédant l'examen sans me préoccuper des matières que je ne pourrais pas couvrir. Je commençais à pardonner au monde et, insensiblement, je me rendis compte que cette expérience était une leçon positive que Dieu voulait que j'apprenne.

Au lieu de travailler toute la nuit avant l'examen, comme j'en avais l'habitude du temps de l'université, je me couchai tôt. Le lendemain, j'arrivai une heure à l'avance sur les lieux de l'examen afin de me préparer et de prier. Je ne priais pas pour réussir, mais plutôt pour la paix de mon esprit et pour me sentir uni aux examinateurs et à Dieu.

Et ce fût un miracle de première classe: je réussis l'examen! J'appris en même temps que je n'avais pas à choisir d'être victime ou limité en aucune façon.

Tout ce qui m'arrive — aussi terrible que cela puisse paraître sur le moment — peut être transformé en une expérience positive. J'ai aussi appris que les expériences qui m'ont aidé, peuvent aussi aider ceux qui ont des problèmes similaires.

Par exemple, il n'y a pas si longtemps, je dirigeais, dans une université, un séminaire sur la guérison des relations. Au cours d'un dialogue avec les membres de l'auditoire, un étudiant en médecine de deuxième année que j'appellerai Bob, raconta l'histoire suivante. Un an plus tôt, il avait été renvoyé de l'école de médecine pour abus d'alcool et usage de drogue. Il devait comparaître devant le comité de discipline de l'école qui allait statuer sur son sort; il craignait une sentence défavorable.

Je lui racontai mon histoire de licence et lui rappelai qu'il pouvait lui aussi choisir de voir les membres du comité de discipline comme ses amis. Je soulignai que la paix de son esprit ne dépendait pas de la décision du comité. Je lui suggérai que l'intérêt dans la vie, ce n'est pas de voir les autres sous un aspect menaçant, mais plutôt de les voir bons, gentils et aimants. Bob s'était fait plusieurs amis dans l'auditoire et certains restèrent en contact avec lui après la conférence.

Deux jours plus tard, il comparut devant le conseil de discipline de l'école de médecine. Il raconta plus tard qu'il s'était senti en paix pendant les débats. Il lui fallait attendre encore plusieurs semaines avant de connaître la décision finale. Bob me téléphona six semaines plus tard pour me dire qu'il était réintégré. Il ajouta que la motivation première qui l'avait poussé vers l'école de médecine avait changé — maintenant il voulait vraiment servir les autres, sans les limites que sa toxicomanie lui avait imposées.

VITESSE SPIRITUELLE

Sœur Marion Irvine est la directrice de l'école primaire du Sacré-Cœur à San Francisco, située dans le quartier Western Addition, réputée pour être difficile. Il y a six ans, alors qu'elle avait quarante-huit ans, elle se laissa persuader par sa nièce, qui voulait perdre du poids, de se joindre à elle pour faire de la course à pied et depuis, Sœur Marion court toujours. Aujourd'hui, à l'âge de cinquante-quatre ans, elle détient le record américain pour son groupe d'âge (50-54) dans toutes les distances standard, de cinq kilomètres au marathon. Elle est récemment devenue la personne la plus âgée qui se soit jamais qualifiée aux essais olympiques de la course d'endurance.

Au moment où Sœur Marion décida de faire de la course à pied, elle pesait presque cent kilos et fumait deux paquets de cigarettes par jour. Elle a aussi, derrière elle, trente années de ce qu'elle appelle un style de vie sédentaire. Malgré son passé, Sœur Marion n'a pas laissé ses croyances anciennes imposer leurs limites à son potentiel présent et futur. Et quand l'esprit ne connaît aucune limite, le corps réagit d'une façon étonnante.

Sœur Marion pense que la course est un bon moment pour réfléchir et pour prier. Elle en parle comme étant «une sorte d'harmonisation de la physiologie avec l'environnement. C'est s'élever tout en restant humble. En courant le long de la plage déserte au lever du soleil, prenez conscience de l'immensité de la création, de votre petitesse à l'intérieur des limites de votre condition et de tout ce que vous devez au Corps Suprême, le Dieu qui créa toute cette beauté et cette harmonie. C'est réellement le moment de prière le plus vivifiant que j'aie jamais connu».

En plus de ses responsabilités d'administrateur d'école, Sœur Marion trouve encore le temps de courir au moins six kilomètres par jour et espère pouvoir continuer à courir le marathon dans des compétitions nationales aussi bien qu'internationales.

Ses exploits prouvent admirablement qu'un âge avancé ne devrait pas empêcher les femmes — ou les hommes — de rechercher et de réussir de nouvelles aventures. Quand nous unissons notre volonté à celle de Dieu, il n'y a pas de limite.

JE NE ME SENTIRAI PLUS LIMITE

Je peux être préoccupé par la peur de mes limites passées projetées dans le futur, mais je ne peux vivre que dans le moment présent. Ce moment est précieux parce qu'il est différent de tous les autres moments. Bien que j'aie toujours l'occasion d'évoluer et de m'accomplir, il n'y a jamais eu de meilleur moment que maintenant. Il n'y a jamais eu de meilleur endroit qu'ici.

ETAPES POUR INTEGRER LA LEÇON D'AUJOURD'HUI DANS NOTRE VIE QUOTIDIENNE

1. Répétez plusieurs fois aujourd'hui quand vous êtes tenté de vous sentir coupable ou de vivre dans le passé ou le futur: «Je veux vivre ici et maintenant, sans peur d'être limité».

2. Pensez à un aspect de votre vie où vous êtes tenté de vous sentir limité par ce que les autres vous font ou vous ont fait. Rappelez-vous que la perception est un choix, pas un fait.

3. Rappelez-vous que ce que vous voyez en dehors de vous est un reflet de ce que vous avez vu d'abord en vous-même. Choisissez aujourd'hui de n'avoir dans votre esprit que des pensées libres et aimantes. Choisissez aujourd'hui de vous voir sans limites.

4. Révisez fréquemment cette pensée aujourd'hui: «En changeant l'idée que je me fais de moi-même, je me rends compte que Dieu m'a créé sans limites. Maintenant je peux voir le monde différemment en reconnaissant que je ne suis pas une victime.»

5. Répétez pendant la journée à chaque fois que vous êtes tenté de vous sentir limité: «Seules mes pensées aimantes sont réelles. Ce sont elles que je voudrais avoir dans cette situation (à préciser) ou avec cette personne (précisez le nom).»

«Ne vois personne coupable
et tu affirmeras la vérité
de ton innocence en toi-même.»

LEÇON 5

QUE LA PAIX REMPLACE TOUTES MES PENSEES DE PEUR

Beaucoup d'entre nous pensent que, de nos jours, la paix de l'esprit relève du hasard ou du coup de chance. Cette idée est basée sur le fait que nous investissons tous dans nos peurs passées. Souvent inconsciemment, nous sommes attirés par la souffrance, l'anxiété et la culpabilité qui nous paraissent être les conséquences logiques de ces peurs. Notre système de croyance est si habilement construit qu'il réussit à nous leurrer. En fait, nous sommes persuadés que si nous ne nous sentons pas malheureux, quelque chose n'est pas normal!

RESISTANCE A LA PAIX

Le système philosophique dont je viens de parler était pratique courante dans ma famille où, chaque jour, nous appréhendions la vague de terreur qui déferlerait sur nous le lendemain. En tant qu'adepte, une grande partie de ma vie, de ce système de croyance, je peux affirmer qu'il n'encourage guère à croire qu'il est possible de trouver la paix et la joie dans le moment présent.

Selon le *Cours sur les miracles*, l'un des buts de l'ego est de se débarrasser de la paix. Autrement dit, tant que nous resterons liés à la culpabilité, il y aura toujours une partie de notre esprit qui s'opposera, voire résistera, vivement, à la paix, même si consciemment nous la désirons.

La paix de l'esprit est l'ennemie jurée de l'ego. Pour l'ego, la colère justifiée est plus importante et a plus de valeur que la paix de l'esprit; il croit que l'agression est réelle et que la défense nous apporte la paix de l'esprit. L'ego veut tuer et détruire; l'ego veut la mort.

LA PAIX EST UN CHOIX

Il ne faut pas oublier que nous avons toujours le choix entre la paix et le conflit. Nous sommes vraiment responsables de ce qui nous arrive. La paix n'est pas le fait du hasard ou de la chance. La paix ou le conflit dépendent toujours de notre décision.

Pour illustrer cet état de conflit et d'épuisement où nous nous trouvons quand nos esprits deviennent ce que j'appelle «saturés» de jugements, je voudrais vous raconter une histoire.

Il y a de cela plusieurs années, une société m'avait demandé de devenir membre de son conseil d'administration. D'abord indécis, j'acceptai finalement la proposition. Quelques semaines plus tard, je participai à ma première séance du conseil. En écoutant la lecture du compte rendu de la réunion précédente, je m'aperçus que je devenais de plus en plus irrité et portais de plus en plus de jugements. Au fur et à mesure du déroulement de la séance, mon angoisse augmentait quant aux décisions qu'avaient à prendre les membres du conseil d'administration. J'ai compris plus tard que, sans en avoir vraiment été conscient, pendant toute la durée de la réunion, j'avais passé une partie de mon temps à chercher les erreurs commises par les uns ou les autres. Et quand je ne critiquais pas, je m'ennuyais fort. Je revins enfin chez moi complètement épuisé. (Récemment, je me suis aperçu que presque toutes les formes de fatigue et d'épuisement viennent de ce que nous dépensons notre énergie à juger les autres et nous-mêmes.)

Le jour suivant, je méditai sur ce qui s'était passé: j'avais pris la décision de juger qui était coupable et qui était innocent. J'avais donc choisi le conflit.

Avant la réunion suivante du conseil d'administration, je méditai sur la décision de remplacer ce conflit par la paix. Je m'imaginai transformé en pile électrique envoyant aux personnes dans la pièce de l'énergie positive et je pris la décision de faire de mon mieux pour être celui-qui-cherche-l'amour plutôt que celui-qui-cherche-les-fautes. Pendant la réunion, je ne dis rien. J'étais simplement attentif aux propos des autres. A la fin de la réunion, je me sentis en paix et je savais que cette sensation de paix n'était pas un accident, je l'avais choisie.

La suite est étonnante.

Avant de partir, deux membres du conseil m'abordèrent séparément pour me remercier des commentaires utiles que j'avais faits, alors que, comme je l'ai dit plus haut, je n'avais pas ouvert la bouche de toute la réunion! L'explication, je crois, est qu'ils avaient ressenti mon amour et mon soutien et, voulant en quelque sorte en convenir, ils me remercièrent pour les remarques que je n'avais pas faites!

Ce fut pour moi une belle expérience. Elle m'a démontré encore une fois qu'en propageant l'amour inconditionnel, les esprits s'unissent. Nous pouvons *choisir* la paix au lieu du conflit.

UNE CRISE DE PEUR

Je voudrais vous faire partager la lettre plutôt dramatique d'une femme nommée Judi. Elle décrit comment il lui fut difficile d'éprouver la paix après avoir été victime d'un incident traumatisant et comment la peur liée à cet incident passé continuait à s'immiscer dans sa vie présente.

«Cher Jerry,

Le 6 juillet 1980, je pliais mon linge dans la buanderie de notre immeuble, quand un homme entra. Comme la salle est généralement fermée à clef et que chaque locataire possède une clef, je n'y prêtai guère attention. C'est alors que je sentis qu'il s'approchait de moi et qu'il avait un couteau. Il menaça de me tuer si je criais; il se jeta sur moi avec son couteau et me blessa légèrement. Je m'échappai et appelai à l'aide. Le reste est brouillé. Je sais qu'il me frappa et que je suis tombée en arrière contre des armoires de rangement. Il me blessa à nouveau, (cette blessure fut la plus grave). Tout semblait se passer au ralenti. J'avais l'impression de participer au tournage d'un film et, bien que déjà blessée, je ne pouvais pas croire que cet homme ou son couteau pouvait réellement me faire mal. Brusquement, il est sorti.
Je me relevai et courus jusqu'à notre appartement. Mon mari appela la police. J'en ris en y repensant maintenant. Je voulais paraître aussi calme que possible devant mon enfant de deux ans, mais je ne voulais pas m'asseoir de peur de tacher les sièges avec mon sang. Les policiers vinrent immédiatement. Alors qu'ils me questionnaient, je leur signalai qu'ils avaient laissé la porte d'entrée ouverte et que notre chat pouvait s'échapper. On

me fit remarquer que j'aurais pu être tuée — une idée qui ne m' était même pas venue à l'esprit.
La description que je fis de l'homme était vague — l'impression seulement d'une frange blonde balayant un visage carré aux yeux remplis de haine. Plus tard, en consultant les photos de visages de délinquants coupables d'agression sexuelle (terme employé par la police pour cette agression, bien qu'il n'y ait pas eu de tentative de viol), je crus reconnaître un visage, mais il fut prouvé que cette personne avait un alibi. L'affaire n'alla pas plus loin.
Après l'enquête, on m'emmena à l'hôpital où je fus soignée, puis autorisée à partir. Traumatisés, nous nous rendîmes chez mes parents et nous y restâmes jusqu'à la fin de l'été.
J'avais été élevée plus ou moins dans la religion juive, observant les fêtes religieuses et mangeant la nourriture traditionnelle, mais je ne trouvai là aucune aide affective. Mes parents ne pouvaient pas (et ne peuvent toujours pas) faire face à ce qui s'était passé. Ils nous offrirent un endroit pour vivre, mais ne m'encourageaient pas à leur parler. (Ils ont caché cet incident quelque part et refusent de l'affronter — ou de partager ma joie maintenant. Mais je sais qu'ils ont le potentiel nécessaire pour y arriver.)
Dans un livre que je lisais récemment, il était exposé que les pensées sont créatrices des événements. Cela me stupéfia et j'avais hâte de savoir si j'étais à l'origine de cet incident. Je sais maintenant que j'ai toujours été sur «la voie» — j'ignorais simplement qu'elle était déjà là, sous mes pieds.
Dans une succession rapide de miracles, dès que nous prîmes la décision de déménager (représentée

symboliquement par l'achat d'une maison, ce que nous nous étions promis de faire «un de ces jours»), nous trouvâmes une maison et l'argent pour l'acheter. La femme qui vendait la maison m'invita à participer à son groupe de prière/méditation, ce que je fis plusieurs fois et j'ai tissé des liens très forts avec ces gens.

Un des membres du groupe m'invita à aller vous entendre lors d'une conférence que vous donniez à Unity. Le titre de votre conférence (comme celui de votre livre *Aimer c'est se libérer de la peur*) me frappa. Qu'il soit possible de se libérer de toute peur était suffisamment étonnant, mais remplir ce vide qu'elle laissait par l'amour me semblait miraculeux.

Ce soir-là, alors que vous racontiez votre histoire avec humour et gentillesse, je me sentis liée par un lien d'amour avec vous, avec l'auditoire, avec moi-même. Je savais que je m'en sortirais. Bien que mon esprit n'ait pas compris grand-chose à ce que vous avez dit, mon cœur vous avait entendu et se réjouissait. J'achetai votre livre et en partant, je marchais sur les nuages.

Depuis, je considère cette agression comme une crise de peur, ou, si vous voulez, une auto-agression envers ma vieille habitude de «ne pas être». Quant à l'homme qui m'avait attaquée, j'éprouvais, envers lui, et cela depuis le début, une sensation de distance impersonnelle (par-delà la peur), comme s'il avait été un acteur jouant son rôle. Une amie suggéra qu'il avait peut-être choisi d'exprimer son karma avec une âme qui ne le maintiendrait pas lié à son action. Cette idée me surprit et me donna l'impression d'être sanctifiée, très spéciale et aimée. Je sentais que je ne lui avais pas pardonné, mais d'une certaine façon ce n'était

pas nécessaire, puisqu'il était venu à moi déjà pardonné. Je ne l'accusais pas, mais m'accusais moi-même. Je craignais d'être la seule responsable capable de renouveler l'incident.
Je travaillais avec l'idée de votre ballon jaune. J'essayais d'y mettre toute cette histoire, mais il restait sur place. Un jour, j'eus l'idée d'y mettre toutes mes peurs. Il s'envola immédiatement dans la lumière blanche, me laissant libre d'examiner ce qui restait. Ce fut une révélation fracassante: si j'étais la cause de cette agression, j'en étais aussi le maître et je pouvais choisir qu'elle ne se reproduise plus.
Ainsi naquit mon sentiment d'être responsable de tout ce qui m'arrive: les pensées sont créatrices lorsqu'elles sont soutenues par l'émotion. Je pouvais choisir l'amour plutôt que la peur.
En travaillant sur ce sujet, j'ai trouvé une paix et un sens de la beauté que je n'imaginais pas. L'infinie possibilité humaine de croissance spirituelle et de joie me réjouit le cœur. Je me sens en contact avec tous les êtres humains. Je vois leur beauté et l'amour que nous pouvons partager. Je m'aperçois que j'ai souvent le sourire, le fou-rire même et que j'embrasse beaucoup! C'est un vrai miracle.
J'ai encore quelque chose à vous faire partager à propos d'une partie de votre livre *Aimer c'est se libérer de la peur* sur «l'agression et la défense». Cette partie de votre livre aurait aussi bien pu porter mon nom tant elle me concernait. Finalement, la lumière jaillit à travers les nuages. Je compris que l'amour en question m'était destiné. Je pouvais m'ouvrir. J'étais terrifiée à l'idée de laisser échapper mon moi réel. Je craignais qu'il soit capable de choses innommables. Maintenant je

sais que j'avais peur qu'il soit indigne d'amour — une réalité encore plus horrible que de découvrir un monstre — car certainement un être indigne de participer au lien d'amour humain essentiel serait monstrueux. Jamais je n'avais rêvé pouvoir ressentir cette sorte d'amour de «Papa-Dieu» pour ses enfants.

J'ai appris à donner la chance à l'amour en me délivrant de mes jugements qui sont durs et cruels. J'apprends à reconnaître mon entité divine, à comprendre que Dieu me regarde et voit Sa propre perfection.

Jerry, merci de m'avoir donné l'occasion de passer en revue mes expériences et d'affirmer mon développement intérieur.

Que la paix soit avec vous.
Amitiés.»
Judi

En choisissant de se libérer de son passé, Judi a aussi appris à laisser la paix remplacer toutes ses pensées de peur. Nous pouvons tous prendre une décision semblable en étudiant ce qui suit et en choisissant d'avoir une nouvelle perception du monde et de nous-mêmes.

QUE LA PAIX REMPLACE TOUTES MES PENSEES DE PEUR AUJOURD'HUI

Le monde, transformé par ma vision d'amour, me montre qu'il n'y a rien à craindre. Il m'est impossible de ressentir l'amour et la peur en même temps. Il m'est aussi impossible de ressentir la paix quand j'ai peur. Que la paix remplace toutes mes pensées de peur aujourd'hui.

ETAPES POUR INTEGRER LA LEÇON D'AUJOURD'HUI DANS NOS EXPERIENCES QUOTIDIENNES

1. Au moins une fois aujourd'hui, calmez votre esprit. Posez-vous la question de savoir si vous résistez à la paix en vous attachant à une forme ou à une autre de culpabilité. Rappelez-vous que lorsque vous avez peur du passé et que vous êtes inquiet du futur, vous ne choisissez pas d'être en paix.

2. Au cours de la journée, rappelez-vous que la paix de l'esprit est toujours un choix, en répétant l'affirmation suivante: «Aujourd'hui, je choisis de ne ressentir que la paix: *il n'y a rien à craindre.*»

3. Si à un moment ou à un autre, vous sentez votre paix menacée aujourd'hui, par quelque chose ou par quelqu'un, arrêtez-vous un instant et imaginez que vous donnez tout votre amour à quelqu'un. Ne pensez à rien d'autre qu'à donner et vous vous sentirez en paix.

4. Rappelez-vous que Dieu vous a créé à Son image — sans conflit et parfaitement paisible. En affirmant que vous êtes unis à Lui, laissez aller toutes vos pensées de séparation et reconnaissez que vous êtes en paix.

5. Soyez déterminé à ne ressentir que l'amour de Dieu aujourd'hui, en affirmant toutes les heures: «Que la joie remplace toutes mes pensées de peur aujourd'hui.»

«Celui qui transcende le corps
a transcendé ses limites.»

LEÇON 6

GRACE A MA VISION GUERIE JE SAIS QUE LA MORT N'EXISTE PAS

La plus grande peur que nous expérimentons tous sur cette terre — consciente ou inconsciente — est la peur de la mort. Aussi longtemps que nous persisterons à croire que notre réalité est limitée à ce que nous percevons par l'intermédiaire de nos sens physiques, nous nous identifierons à notre personnalité et à notre corps. Nous serons tentés d'en déduire que le corps et la vie ne font qu'un et que, lorsque le corps meurt, la vie s'éteint aussi.

L'IDENTITE VERITABLE

Une vision guérie veut dire que nous n'identifions plus nos limites au corps physique. Nous admettons notre véritable identité comme non physique. Nous sommes des êtres spirituels soutenus par un amour perpétuel qui ne meurt jamais.

La mort est une illusion, la vie et l'amour sont éternels: cette vérité peut guérir nos relations de façon spectaculaire et nous unir à l'esprit universel.

Faites une pause. Pour une seconde seulement, laissez-vous aller à cette vérité et ressentez la paix, la tranquillité, l'immobilité, l'amour sans limite qui vous entoure.

RELACHER LA CULPABILITE

Maintenant, pensez à vos relations et voyez comment tous les reproches, rancunes et griefs auxquels vous étiez attachés, il n'y a encore que quelques minutes, ont rapidement disparu. En relâchant notre peur de la mort, nous pouvons aussi relâcher la culpabilité et donc vraiment guérir nos relations.

Notre ego, que nous avons fait nous-mêmes, est un grand trompeur. D'un côté il nous dit que notre corps est notre seule réalité et que la mort est donc à craindre, et de l'autre, il cache notre peur de la mort par l'espoir magique que la mort du corps peut être évitée.

L'ENSEIGNEMENT SECRET DE L'EGO

De toutes les choses que notre ego cache à notre conscience, les suivantes figurent en tête de liste:

1. La mort n'existe pas.
2. Il n'y a pas de séparation.
3. Il n'y a que l'amour.

L'ego a construit une barrière qui semble impénétrable, derrière laquelle ces vérités sont cachées. Quand nous réapprenons à nos esprits à accepter la vérité de ces affirmations, nous comprenons que toutes nos souffrances passées étaient une erreur. Nous pouvons choisir de ne plus jamais souffrir. Si nous avons la profonde conviction qu'il n'y a pas de mort, pas de séparation et que seul l'amour existe, notre ego n'a plus de pouvoir.

L'EGO CONTRE DIEU

Serait-il possible que toute l'énergie et le temps que nous dépensons pour essayer de contrôler et manipuler les autres et pour prédire l'avenir ne soient qu'un substitut inconscient de notre tentative de contrôler et, par là, de nier notre peur de la mort? Est-ce ainsi que l'ego joue le rôle de Dieu — voulant, à Sa place, créer, diriger et contrôler l'univers?

Une des leçons essentielles du *Cours sur les miracles* affirme: «nous ne sommes jamais perturbés pour les raisons que nous croyons». Elle suggère que la raison profonde de toutes nos peurs — quelle qu'en soit la forme — est la culpabilité dont nous sommes victimes en nous sentant séparés de Dieu et par conséquent des autres. C'est cette culpabilité qui nous fait craindre la punition de Dieu sous forme de mort.

La peur de la mort n'est qu'une invention de notre ego. Ayant peur de Dieu, l'ego veut nous faire croire en un Dieu vengeur qui, un jour, nous punira pour nos péchés. Ces punitions nous seront infligées jusqu'en enfer après notre mort! Le trait dominant du système de pensée de l'ego n'est pas seulement la peur et la culpabilité, mais aussi le désespoir et l'impuissance.

PEUR DE LA MORT

Comme je l'ai dit plus haut, la peur de la mort peut être ressentie à un niveau conscient ou inconscient. Par exemple, je connais des gens qui, tout en niant être perturbés par la peur de la mort, lisent toujours en premier les notices nécrologiques dans les journaux. C'est comme s'ils voulaient se prouver qu'ils sont bien en vie. Ces gens sont généralement préoccupés par leur culpabilité et éprouvent inconsciemment un grand besoin de se punir.

Moi aussi j'ai eu peur de la mort presque toute ma vie, tout en ayant fait de mon mieux pour me le cacher et le dissimuler aux autres. En tant que médecin, j'étais fier de mon objectivité envers des patients au seuil de la mort. Sous le prétexte que mon efficacité dépendait de mon objectivité, j'étais affectivement très distant avec les malades incurables et mourants. Avec le recul, je sais que mon «objectivité» n'était qu'une façon de me protéger. Ce n'était qu'une vaine tentative par laquelle je cherchais à me cacher le fait que, un jour, ce serait moi le malade. Croyant la mort définitive, j'étais accablé par la peur. Je le cachais cependant à ma conscience.

VISION D'AMOUR

Notre croyance en la culpabilité et la mort prend fin quand nous décidons d'utiliser la vision de l'amour au lieu de celle de l'ego. Nous ne confondons plus notre identité avec notre corps, mais nous reconnaissons plutôt l'essence éternelle de notre être spirituel.

Depuis que je suis sur une voie spirituelle, ma gratitude dépasse tout ce que je peux exprimer pour les extraordinaires leçons reçues en travaillant avec les familles confrontées à la mort de l'un des leurs. De plus en plus, ma vieille peur de la mort disparaît. Cependant, avoir affaire aux familles des mourants est une chose, mais appliquer les principes spirituels dans notre propre vie en est une autre — particulièrement quand il s'agit d'un de vos proches. C'est peut-être là l'épreuve décisive.

Il y a environ trois ans, mon père mourait, à l'âge de quatre-vingt-douze ans, d'une pneumonie. Il était malade depuis un certain temps et il était préparé à sa transition. Plusieurs semaines avant sa mort, je partis pour un long voyage en Asie. Pensant qu'il pouvait mourir pendant mon absence, je restai quelque temps avec lui et nous fîmes ainsi nos adieux. Comme nous avions eu une longue relation d'amour — je crus sincèrement m'être détaché de lui.

Quand j'arrivai en Thaïlande, j'appris la mort de mon père. Sur le moment, je n'éprouvai aucune tristesse. J'étais heureux et en paix de le savoir libre.

Six mois plus tard, dans un article que j'écrivais pour un magazine, je racontai un épisode de mon enfance, à l'âge de trois ans environ. Au retour d'une promenade dominicale en voiture, je m'étais endormi. Je me rappelle que mon père m'a porté et j'ai ouvert les yeux, une seconde seulement. Pendant cette seconde pourtant, j'ai ressenti du confort, de la sécurité, de l'amour et surtout la profonde conviction que l'amour de mon père me protègerait toujours.

En terminant cette histoire, j'éclatai en sanglots. Je m'étais identifié au corps et la présence physique de mon père me manquait. En même temps, je me sentais soulagé de pouvoir exalter ainsi mes sentiments humains en ne les gardant pas enfouis et refoulés. J'étais heureux que ce souvenir d'enfance, encore si vivant, fût symbolique de la croyance que j'essayais d'avoir en Dieu, mon Père. Pendant le reste de la journée, j'ai ressenti profondément la présence de mon père en moi, tous deux unis et ne faisant qu'un. Rien ne nous séparait.

COMMUNICATION ININTERROMPUE

Une femme de Washington D.C. prouva également qu'il était possible de trouver la paix dans la mort grâce à une vision renouvelée. Quand elle m'appela, il y a quelques mois, son mari se mourait d'un cancer. Bien qu'il fût dans le coma, elle pensait qu'il continuait à souffrir et elle était en colère contre Dieu parce qu'Il n'intervenait pas.

Après lui avoir suggéré de partager avec elle un moment de silence, je me sentis guidé pour lui dire qu'aussi longtemps qu'elle voudrait tout contrôler, y compris la mort de son mari, elle serait encline à la colère et à la souffrance. Je lui dis qu'en fait, elle essayait de faire *elle-même* son plan de vie plutôt que d'accepter le plan de Dieu. J'ajoutai que juger engendre la colère et rend impossible l'offre d'amour inconditionnel qu'elle voulait, je le savais, donner à son mari.

Je lui suggérai de pardonner à Dieu et à ses perceptions erronées qu'elle avait de Lui et de laisser sa volonté s'unir à la Sienne. Je lui suggérai aussi de s'identifier à la lumière d'amour de son mari et non à son corps.

Elle m'écrivit trois semaines plus tard, après la mort de son mari, pour me dire la paix et la joie qu'elle avait ressenties depuis notre conversation. Elle disait qu'elle continuait à se sentir unie à son mari et qu'elle était consciente de sa présence constante. Quand nous sommes libérés, nous n'éprouvons plus le besoin de juger et de contrôler! La mort n'est plus une perte lorsque nous voyons le monde avec les yeux de l'amour et que nous croyons en Dieu.

Je voudrais aussi vous parler de cette mère pour qui la mort et la séparation n'existaient pas. Elle m'écrivit lorsque sa fille de dix-huit ans, avec qui j'avais travaillé, mourut d'une leucémie. Dans sa lettre, elle racontait qu'elle répondait aux gens qui lui offraient leur sympathie: «Lorsque quelqu'un est perdu, on ne sait pas où il est. Mais je sais où se trouve ma fille: elle et son amour demeurent dans le cœur de Dieu et ici, dans mon cœur, à tout moment».

Comme ces exemples l'illustrent si bien, il est possible de sortir du sommeil de notre propre illusion pour nous éveiller à la présence de l'amour de Dieu et de renoncer à l'idée que le corps est notre réalité. La communication n'est jamais interrompue même quand le corps est détruit. N'est-ce pas la leçon que Jésus est venu enseigner au monde par sa résurrection?

GRACE A UNE VISION GUERIE, JE SAIS QUE LA MORT N'EXISTE PAS

La bonne nouvelle est aujourd'hui la même qu'il y a 2000 ans. La mort n'existe pas, la vie ne finit pas, l'amour de Dieu et notre relation avec Lui sont la seule réalité.

ETAPES POUR INTEGRER LA LEÇON D'AUJOURD'HUI DANS NOS EXPERIENCES QUOTIDIENNES

1. Imaginez une lumière brillante, rayonnant autour de tous ceux que vous rencontrez aujourd'hui. Cette lumière est celle de l'amour et représente l'identité véritable de cette personne. Imaginez la même lumière brillante autour de vous-même et voyez cette lumière et celle des autres se joindre pour ne faire qu'une. Cette lumière ne s'éteindra jamais, puisqu'elle est le reflet de l'amour éternel, la force créatrice de l'univers.

2. Fermez les yeux et pensez à quelqu'un de votre connaissance qui est mort. Laissez pénétrer la présence aimante de cette personne au centre de votre

cœur. Vous êtes uni à cette personne pour toujours, puisque l'amour unit et ne meurt jamais.

3. Rappelez-vous que sans peur et culpabilité, vous reconnaîtrez l'amour comme votre seule réalité — et que grâce à votre vision guérie, la mort n'existe pas. Répétez fréquemment aujourd'hui: «Je ne suis pas mon corps; je suis libre. Car je suis toujours tel que Dieu m'a créé».*

4. Au moins une fois aujourd'hui, lisez le poème suivant, en gardant à l'esprit que votre identité réelle n'est pas le corps mais une entité non physique appelée amour.

*GUERISON***
Pour guérir, ne t'autorise pas à penser au corps qui pourrait faire sombrer ton esprit dans les ténèbres et l'illusion.
La guérison, consiste à se libérer de telles idées.
Accroche-toi plutôt à cette seule pensée qui t'enseigne la communion d'esprit avec ton frère,
pour que sa paix ne soit pas troublée par les tempêtes physiques et que ne soit pas menacé le Fils innocent que Dieu a créé à Son image.
Ne pense pas au corps.
Guérir, c'est l'idée de l'union.
Oublie tout ce qui sépare.
A la douleur de ton frère, il n'y a qu'un remède:
Le même que le tien.
Il doit être comblé par votre union.
Tu dois être guéri par votre union.

---

* *Cours sur les miracles*, leçon 199.
** Extrait de *Les Dons de Dieu* (The Gifts of God), par Helen Schucman, Fondation pour la Paix intérieure (The Foundation for Inner Peace), 1982, p. 27.

*«La paix est assurée
pour ceux qui offrent la paix»*

LEÇON 7

C'EST EN DONNANT L'AMOUR QU'ON LE GARDE

Nous ne pouvons pas réellement donner la paix et l'amour aux autres sans les avoir d'abord acceptés pour nous-mêmes. La paix et l'amour vont de l'intérieur vers l'extérieur. Il nous est très facile d'oublier ce principe et, si cela arrive, nous retrouvons une fois encore souffrance et conflit.

L'AMOUR SE RENOUVELLE DE LUI-MEME

Quand nous éprouvons un manque d'amour dans nos vies, nous nous comportons le plus souvent comme si nous étions des automobiles aux réservoirs presque vides. Nous cherchons désespérément quelqu'un qui puisse combler ce manque et nous permettre de continuer. Nous oublions que l'amour, qui se renouvelle continuellement quand nous le propageons, est l'essence même de notre être. Au lieu de cela, il nous paraît extérieur à nous, octroyé par les autres en quantité limitée que nous craignons toujours de voir s'épuiser.

LA RECHERCHE DE L'AMOUR

Nombre d'entre nous consacre beaucoup de temps à la recherche de l'amour. Nous comptons sur les autres pour satisfaire à nos besoins et, un jour ou l'autre, nous sommes déçus et frustrés de ne pas avoir obtenu ce que nous voulions. Nous éprouvons une colère justifiée et nos esprits se chargent de pensées agressives et refusent de pardonner. Quand nous devenons des «chercheurs d'amour», la tentation de vouloir nous identifier à notre corps devient de plus en plus forte et nous agissons comme si ce concept limité et déformé de la réalité était le vrai reflet de ce que nous sommes.

C'est en rejetant notre pouvoir que nous viennent ces pensées et ces sentiments limités et négatifs. Quand nous laissons aux autres le soin de décider pour nous si nous devons éprouver la paix ou le conflit, nous nous confortons dans l'idée d'être les victimes du monde. Oubliant que nous sommes les seuls responsables de notre propre paix, nous concluons que tout ce qui nous arrive est causé par quelqu'un ou quelque chose en dehors de nous.

LA LOI DE L'ABONDANCE

Une autre façon de voir le monde c'est de reconnaître que notre véritable identité est spirituelle; c'est de savoir que notre Esprit et notre mental sont unis à tous les autres et ne font qu'un.

Comme le vingt-troisième psaume nous le rappelle, notre «coupe déborde...» — la loi de l'amour est la loi de l'abondance. Pour moi, cela veut dire que si nous acceptons comme vérité le fait d'être restés tels que Dieu nous a créés, nous n'éprouverons jamais ce sentiment de manque parce qu'il nous a donné tout ce dont nous avons besoin. Il est vrai aussi que la seule façon de ressentir l'amour est de le donner et, puisque la loi de l'amour est la loi de l'abondance — la loi de l'union —, plus nous donnons, plus nous obtenons.

LES HOMMES PLEURENT AUSSI

Environ six mois après la sortie du film *E.T.*, j'eus l'occasion, après la conférence que je venais de donner à Seattle, d'aller le voir à la séance de sept heures dans une salle de quartier. J'y allai seul et je m'assis à côté d'une dame qui tenait sur ses genoux son petit garçon de quatre ans.

La salle était toujours éclairée et pendant que nous attendions le début du film, je dis à l'enfant: «Dis donc, tu dois avoir le siège le plus confortable du cinéma!» Il sourit timidement et répondit «Oui, je sais». Puis en me regardant il me dit: «Vous savez, Monsieur, il paraît que beaucoup de gens pleurent en regardant ce film».

— Oui, dis-je, en effet, c'est ce qu'on m'a dit.

— Mais vous êtes un homme et les hommes ne pleurent pas, n'est-ce-pas?

— Oh! Moi je pleure, je pleure même beaucoup quand je suis triste. Quelquefois je pleure même quand je suis heureux.

— Non, je ne peux pas le croire. Les hommes ne pleurent pas.

La salle s'obscurcit et le film commença. A peu près à la moitié du film, je sentis qu'on me tirait par la manche. J'étais conscient de ce petit visage qui scrutait le mien et j'entendis une voix me dire: «Dites, Monsieur, vous pleurez vraiment, n'est-ce-pas?» Essuyant une larme sur sa joue, il ajouta: «Moi aussi, vous savez, je pleure».

Il m'est apparu alors combien notre culture pèse sur les hommes adultes qui doivent se comporter différemment des enfants et des femmes en ce qui concerne l'expression de l'amour et combien ce comportement standard, imposé culturellement, encourage la séparation. C'est justement ce sentiment d'être séparé, d'être seul, qui est la cause de notre plus grande détresse.

Cette union avec ce petit garçon, dans un environnement où tous deux nous nous sentions égaux et suffisamment en sécurité pour partager nos rires et nos pleurs, fut un cadeau précieux. Je me sentis extraordinairement enrichi d'avoir pu partager mon amour avec lui.

VOLER AU TRAVERS DE LA PEUR

Il y a de cela plusieurs années, en 1975, j'étais passager sur un vol de nuit entre San Francisco et New York, qu'on appelait pour des raisons évidentes «le spécial-yeux-rouges». Comme j'avais eu une journée particulièrement chargée en rendez-vous, j'étais épuisé et appréciais de pouvoir m'allonger dans mon fauteuil et me détendre — loin des appels téléphoniques et de l'activité quotidienne. Environ une heure et demie après avoir quitté San Francisco, j'entendis la voix de l'hôtesse annoncer: «Nous avons une urgence médicale. Y a-t-il un médecin à bord?» Comme j'étais sûr qu'il devait se trouver dans l'avion un généraliste ou un interne, je ne bougeai pas.

Quelques minutes plus tard, la même voix, mais tremblante de nervosité, demanda à nouveau: «Y a-t-il un médecin à bord?» Cette fois je me décidai. En quittant mon siège et pendant que j'avançais dans l'allée, je me répétais à moi-même, en désespoir de cause: «Mon Dieu, aide-moi s'il te plaît». Mon anxiété venait du fait qu'il s'agissait d'une urgence médicale et en tant que psychiatre, je n'avais pas eu d'expérience médicale directe depuis mon internat. Je ne me sentais pas qualifié. J'avais besoin de tout le support que je pouvais trouver et je ne sais comment vous dire à quel point cela m'aida de répéter cette phrase. Continuant de la répéter mentalement, ma peur s'estompa lentement.

On me dirigea vers l'arrière de l'avion et là je vis un homme d'âge moyen entouré par plusieurs membres d'équipage. Il semblait inconscient. Une vérification rapide des points vitaux révéla un pouls à peine perceptible; il était sérieusement en difficulté. Je commençai immédiatement à lui faire une réanimation cardio-respiratoire. Après quelques minutes, son pouls était revenu, bien qu'il fût toujours faible et irrégulier. L'homme perdait conscience et revenait à lui, en alternance. Pendant un de ces intervalles où il était éveillé, je lui dis que j'étais médecin et que nous pouvions nous aider mutuellement en ressentant et en visualisant la lumière de l'amour de Dieu. Cette lumière nous rappelait que nous sommes en sécurité parce que Dieu est toujours avec nous. Il sourit et sembla rassuré. Je lui donnai de l'oxygène tout en cherchant dans son portefeuille une information qui aurait pu nous guider. J'y trouvai en effet un papier indiquant qu'il avait, le jour même, été autorisé à sortir de l'hôpital où il avait été soigné pour une crise cardiaque et pour hypertension.

Le commandant de l'avion observait la scène en silence. Quand je lui fis part de mon évaluation sur la condition de l'homme, il proposa de faire un atterrissage d'urgence si je le jugeais nécessaire. Je fermai les yeux et, une fois encore, je demandai à Dieu de m'aider. «Oui», fut la réponse que je reçus. Nous fîmes donc escale dans un aéroport d'Arizona où l'ambulance qui nous attendait emmena le malade dans un hôpital local.

Après avoir obtenu le nom de l'hôpital où on l'emmenait, je téléphonai le lendemain de New York pour avoir de ses nouvelles. Il put me parler et m'affirma qu'il allait beaucoup mieux. Les médecins pensaient qu'il pourrait sortir bientôt.

Dans les semaines qui suivirent, je reçus plusieurs lettres des membres de l'équipage et de passagers qui me félicitaient de la façon dont j'avais fait face à cette situation d'urgence. Ils mentionnaient aussi le fait que je leur étais apparu très calme et paisible tout au long du déroulement de cette affaire, et que ce sentiment de paix qu'ils avaient perçu en moi leur avait permis de rester calmes aussi.

Je sais que la paix et l'amour qu'ils ont ressentis étaient dus au fait que j'avais choisi de m'ôter du chemin et de laisser Dieu faire ce qu'il fallait.

Je n'étais pas préoccupé du résultat, mon seul but était de suivre les directives de mon guide intérieur pour venir en aide à cette personne en détresse. Je savais aussi que si cet incident avait eu lieu six mois plus tôt — avant que je devienne un étudiant du *Cours sur les miracles* — j'aurais réagi bien différemment.

En donnant l'amour, il m'était possible de l'accepter pour moi-même. La paix que j'avais éprouvée pendant cet épisode a étayé pour moi ce concept: «C'est en donnant l'amour qu'on le garde».

Au lieu de ressentir mon incompétence face à cette urgence médicale, avec l'aide de Dieu, je fus capable de faire ce qu'il fallait. Je garde toujours un fort sentiment de gratitude pour cette leçon de foi et pour la vérité de cette affirmation spirituelle: «Demande et tu recevras», qui fut si puissamment démontrée lors de cette expérience.

Prenons comme décision aujourd'hui, de réveiller en nous la présence de l'amour de Dieu et de donner cet amour à tous et de n'exclure personne, lorsque nous appliquerons cette leçon.

C'EST EN DONNANT L'AMOUR QU'ON LE GARDE

Je me trompais en croyant pouvoir donner à quiconque autre chose que ce que je veux pour moi-même. Puisque je veux la paix, l'amour et le pardon, ce sont les seuls dons que j'offrirai aux autres. Je ne leur fais pas la charité en leur offrant le pardon et l'amour au lieu de l'agression. Car donner mon amour est la seule façon de le garder pour moi-même.

ETAPES POUR INTEGRER LA LEÇON D'AUJOURD'HUI DANS NOS EXPERIENCES QUOTIDIENNES

1. Pensez à quelqu'un dans votre vie sur lequel vous comptez et qui, vous l'espérez, comblera vos besoins. Silencieusement, dites à cette personne: «Je te donne mon amour plutôt que le pouvoir de décider pour moi si je dois être en paix ou en conflit aujourd'hui». Comme vous répétez cela, reconnaissez que vous êtes déjà comblé et entier et que vous ne désirez plus vous attacher à la culpabilité engendrée par la croyance que vous êtes séparé et dépendant d'un autre.

2. Dites à chaque personne que vous rencontrez, ou même à celles à qui vous pensez: «La paix, l'amour et le pardon sont les seuls dons que je veux et par conséquent les seuls dons que je t'offre.»

3. A chaque heure qui passe aujourd'hui, décidez que c'est le moment de propager la paix plutôt que le conflit.

4. Si vous vous sentez déprimé, coupable ou si vous avez peur aujourd'hui, choisissez quelqu'un — n'importe qui — et pour une seconde seulement concentrez-vous à aimer cette personne totalement et complètement.Vous n'avez pas besoin de dire un seul mot et il n'est pas nécessaire que la personne soit présente. Concentrez-vous seulement à donner votre amour à cette personne et vous sentirez dans votre vie le pouvoir de guérison de l'amour.

5. Apprenez aujourd'hui que donner et recevoir sont une seule et même chose en disant dans chaque situation ou à chaque interaction qui se présente aujourd'hui: «C'est en donnant l'amour que je le garde pour moi-même. Est-ce que je suis en train de donner ce que je veux garder?»

«Délivre de la culpabilité
comme tu voudrais en être délivré.»

LEÇON 8

LE PARDON ME DELIVRE DU PASSE

Si les choses vont mal pour nous ou si nous éprouvons un manque d'amour, nous sommes souvent tentés de chercher dans notre environnement extérieur une personne ou une situation à blâmer. Pardonner, c'est renoncer à blâmer. C'est par une «amnésie céleste», c'est-à-dire une mémoire sélective, que nous pouvons nous déprendre de tous nos souvenirs et expériences passées, à l'exception de l'amour que nous avons donné ou reçu. C'est par le pardon que nos erreurs de perception peuvent être corrigées.

Dans le *Cours sur les miracles*, il y a une très belle description du pardon qui m'a bien souvent aidé dans mes efforts pour me libérer de mon passé; je voudrais vous la faire partager.

*Le pardon donne l'image d'un monde où la souffrance est abolie, la perte est impossible et la colère n'a aucun sens. Il n'y a plus d'agression et la folie s'est éteinte. Quelle souffrance peut-on envisager? Quelle perte peut-on subir? Le monde devient un lieu de joie, d'abondance, de charité et de don permanents. Il ressemble tant au Paradis qu'il devient dans l'instant même la lumière qu'il reflète.**

---

* *Cours sur les miracles,* manuel, leçon 249.

LES PRINCIPES DE LA PAIX

Afin de faire de la pratique du pardon notre seule fonction, il est essentiel que nous nous entraînions à nous concentrer sur notre seul but: la paix de l'esprit. Pour m'aider à m'en souvenir, j'ai défini ce que j'appelle «les trois principes cardinaux pour connaître la paix».

AVOIR LA PAIX DE L'ESPRIT,
LA PAIX DE DIEU COMME BUT UNIQUE.

PARDONNER COMME ROLE UNIQUE.

REMETTRE TOUTE DECISION
JUSQU'A CE QUE J'AIE CALME MON ESPRIT
ET ECOUTE MA VOIX INTERIEURE.

(Les autres noms pour la "voix intérieure" sont voix de Dieu, maître intérieur, intuition.)

LES BLOCAGES A LA CONSCIENCE DE LA PAIX

Les enfants sont nos plus grands maîtres en ce qui concerne le pardon, puisqu'ils semblent capables de le pratiquer bien plus facilement que les adultes. Pensez à toutes les fois où vous avez entendu un enfant dire à son camarade de jeux dans un mouvement de colère: «Je ne jouerai plus jamais avec toi!» Pourtant, quelques minutes plus tard, ils reprennent joyeusement leur jeu comme si rien ne s'était passé. En revanche, pour nous adultes, il nous semble normal d'accumuler rancunes et griefs pendant des mois — voire des années. Quand nous ne pardonnons pas aux autres, c'est réellement nous-mêmes que nous sommes incapables de pardonner.

Le but de notre ego est le conflit, la colère, le meurtre et la guerre. L'ego essaie d'atteindre son but en évaluant continuellement notre comportement ou en jugeant les réactions des autres pour déterminer le coupable. Comme un robot, notre ego continue de recycler la culpabilité pendant qu'il juge, condamne et punit.

Aussi longtemps que nous croyons que nos perceptions physiques définissent le réel, nous serons tentés d'évaluer et de porter des jugements qui condamnent. Et, au moment où nous portons un jugement qui condamne, la paix de l'esprit nous quitte et la présence de Dieu disparaît.

LE PARDON — L'ULTIME DEFI

Récemment, je fis une expérience qui offrit à mon ego l'occasion de se déployer. Je me trouvais fort tenté de faire une suite d'interprétations et de jugements condamnatoires envers des gens dont j'entendis parler à propos d'une histoire vraie et fort tragique. Voici ce qui arriva.

Je reçus un coup de téléphone d'une femme qui disait suivre une voie spirituelle et qui étudiait le *Cours sur les miracles*. Elle disait savoir intellectuellement que l'amour de Dieu était sa seule vérité et que tout le reste n'était qu'illusion, pourtant ce qui lui arrivait à ce moment-là, y compris son sentiment de culpabilité, lui semblait bien réel.

Elle me raconta que, depuis l'année précédente, il y avait eu un certain nombre d'articles dans les journaux, relatant l'histoire d'une petite fille de deux ans et demi qui avait été kidnappée et retenue captive pendant dix mois dans une Estafette par un adulte et un adolescent. L'enfant fut soumise d'une façon répétée à des abus sexuels. Les agresseurs furent arrêtés et après un long procès, l'homme fut condamné à cinq cents ans d'emprisonnement sans aucune chance de libération sur parole.

Elle s'appelait Mme Cabarga et l'adolescent était son fils Alex. Elle ajouta qu'Alex devait comparaître devant le juge quelques semaines plus tard pour la phase finale de son procès et elle voulait savoir si je pouvais l'aider à trouver la paix intérieure. Je ne savais si je pouvais l'aider, mais je l'invitai à venir à mon bureau le lendemain. Mon guide intérieur me dicta de faire appel à la présence d'une énergie féminine pour participer à cette rencontre et, avec l'accord de Mme Cabarga, j'invitai mon amie et partenaire spirituelle, Diane, à l'entretien.

Voici donc l'histoire que nous raconta Mme Cabarga. Afin d'essayer de résoudre des difficultés familiales, elle et son mari décidèrent, il y a quelques années, de tenter une expérience de vie communautaire à San Francisco. Son fils Alex, le plus jeune des cinq enfants, avait alors neuf ans. Mais comme les problèmes au sein de la famille ne se résolvaient pas dans ce nouvel environnement, Mme Cabarga devint de plus en plus perturbée et désespérée. Avec les encouragements de son mari et des enfants, elle prit la décision de quitter la communauté et de partir vivre de son côté. Elle et son mari furent d'accord pour laisser Alex avec «Tree Frog», un homme de la communauté, qui semblait aimer les enfants et s'intéresser particulièrement à leur fils.

Par la suite, elle retrouva son mari et ils décidèrent de rendre visite à leur fils une fois par mois. Mme Cabarga et son mari organisèrent une fête pour les dix-huit ans d'Alex, mais il n'y vint pas. Le lendemain, les journaux publiaient qu'Alex et son «gardien», l'homme appelé «Tree Frog», avaient été arrêtés pour avoir kidnappé et abusé sexuellement d'une enfant.

Les sentiments de culpabilité et de blâme qu'éprouvaient Mme Cabarga envers elle-même étaient écrasants. Elle était convaincue d'être la femme la plus irresponsable, la plus égoïste, la moins aimante du monde. L'ampleur de la publicité faite à cette affaire par les médias ne faisait que renforcer cette image négative d'elle-même.

Au fil de l'histoire nous apprîmes que son fils avait été régulièrement battu, abusé sexuellement et maltraité pendant les neuf années qu'il avait passées avec Tree Frog. Mme Cabarga nous dit que le psychiatre nommé par le tribunal, ainsi que les gens qui s'occupaient de son cas, pensaient tous qu'Alex était une victime et qu'il avait besoin d'être soigné. Mais la rumeur publique était telle qu'il semblait que son fils ne serait pas envoyé dans un centre de réhabilitation pour adolescents, mais plutôt condamné à l'emprisonnement à perpétuité comme un adulte.

Sur le plan humain, je pense qu'il est très difficile d'éprouver une compassion égale pour tous les acteurs de cet horrible drame. Notre cœur nous pousse vers les victimes de ce genre de drames. L'esprit a tendance à estimer sa colère envers les deux complices. Dans le jugement de l'ego, certains événements sont considérés comme impardonnables.

Pourtant, si notre cœur et notre esprit ne sont pas ouverts pour accorder à tous une compassion égale, le pardon complet et l'amour envers tous, nous ne pourrons pas ressentir la paix intérieure. Par conséquent, nous serons incapables d'apporter la paix aux autres et nous contribuerons à perpétuer le conflit dans le monde. Mais, en même temps, nous ne devons pas oublier que pardonner ne veut pas dire fermer les yeux sur ce genre d'actes.

Dans l'heure qui suivait mon entretien avec Mme Cabarga, je devais animer une session de groupe au

Centre de Guérison des Attitudes. Pendant ces réunions hebdomadaires, les principes de la guérison des attitudes étaient discutés en détail. Avec l'accord de Diane, je décidai d'inviter Mme Cabarga à cette réunion dans l'espoir qu'elle pourrait avoir ainsi l'occasion de ressentir ce qui, sans doute, ne lui était pas arrivé auparavant — l'amour inconditionnel, l'acceptation et le pardon. Cette session de co-éducation fut particulièrement importante puisqu'elle nous permit à tous, y compris à Mme Cabarga, de prendre conscience de notre tentation de juger les autres plutôt que de leur offrir le pardon.

La semaine suivante, Mme Cabarga nous demanda si nous pouvions aller voir Alex à la prison. Après avoir obtenu la permission du tribunal, Diane et moi allâmes le voir. Pendant les nombreux mois qu'il avait déjà passés en prison, il avait beaucoup réfléchi et avait accepté d'assumer la responsabilité de son acte. Alex se tournait vers Dieu pour obtenir Son secours et se montrait très désireux d'aider les autres du mieux qu'il le pouvait.

Avant de quitter la prison, je demandai à Alex si, selon son propre apprentissage, il avait un conseil qu'il aimerait donner aux autres. Il répondit: «N'ayez pas peur de découvrir qui vous êtes, car c'est seulement à ce moment-là que vous pourrez y faire face et vous libérer; sinon, votre esprit restera emprisonné, ce qui est pire que les barreaux de ma cellule».

Alex dit aussi qu'il avait beaucoup réfléchi au sujet du pardon. Il avait ressenti une terrible colère et une haine profonde pour Tree Frog lorsque, au cours du procès, la thèse d'un lavage de cerveau sur sa personne devint évidente. Malgré tout, il savait qu'au fond de son cœur, il ne pourrait jamais éprouver la paix intérieure réelle sans avoir complètement pardonné à l'homme qui avait tant abusé de lui. Et, bien que ce ne fût pas chose facile, il nous dit que chaque jour, il essayait de voir Tree Frog «dans la lumière».

Alex Cabarga fut récemment condamné à 208 ans d'emprisonnement.

Les médias nous ont tous sensibilisés aux incidents croissants d'abus sexuels et aux dommages affectifs subis par chacune des parties. Dans un sens, le problème peut être vu comme une carence spirituelle — un sentiment d'être séparé de l'amour de Dieu et des autres. C'est comme si certains aspects sous-jacents à notre culture hurlaient: «Aidez-moi! je me sens seul; il n'y a pas d'amour dans ma vie. Je veux l'amour, j'ai peur de l'amour, je me sens perdu. Aidez-moi à trouver l'amour!»

Je ne pense pas que la société puisse être guérie à moins d'apprendre à pardonner à tous, sans exclure qui que ce soit. Pour moi, il n'y a pas de concept plus important que la puissance de guérison du pardon; il nous apporte un détachement dont nous avons besoin pour voir le monde et nous-mêmes d'une façon différente. Continuons donc à rééduquer nos esprits et à garder dans nos cœurs et notre conscience les pensées suivantes:

LE PARDON ME DELIVRE DU PASSE

Quand je perçois quelqu'un d'autre comme coupable, je renforce en moi-même le sens de mon indignité et de ma culpabilité. Je ne peux pas me pardonner à moins de vouloir pardonner aux autres. La délivrance de ma culpabilité et de ma peur ne peut être totale qu'en pardonnant.

ETAPES POUR INTEGRER LA LEÇON D'AUJOURD'HUI A NOTRE EXPERIENCE QUOTIDIENNE

1. Si vous vous surprenez à blâmer quelqu'un aujourd'hui, arrêtez-vous un moment et pensez à ceci. Si, dans votre enfance ou au cours de votre vie, vous aviez traversé les mêmes épreuves que cette personne ne vous comporteriez-vous pas comme elle? Voyez en elle l'enfant effrayé, terrifié peut-être. Si elle avait pu éprouver l'amour parfait, elle ne se comporterait pas ainsi. Pardonnez et aimez-la.

2. Révisez au moins deux fois aujourd'hui «les trois principes cardinaux pour ressentir la paix».
   Je suis résolu à ce que la paix de l'esprit, la paix de Dieu, soit mon seul but aujourd'hui.
   Je suis résolu à ce que le pardon soit ma seule fonction aujourd'hui.
   Je ne prendrai aucune décision aujourd'hui avant d'avoir calmé mon esprit et écouté ma voix intérieure.

3. Si vous êtes tenté aujourd'hui — quelle qu'en soit la justification — de blâmer quelqu'un, rappelez-vous qu'aux yeux aimants de Dieu, nous sommes tous sans péchés et innocents.

4. Choisissez ce jour pour abandonner toutes les fausses perceptions passées. Mais prenez, en revanche, la résolution de vous unir à tous ceux que vous rencontrez — et même à ceux à qui vous pensez, et dites:
   «Je te vois, ainsi que moi-même, seulement dans la lumière du vrai pardon».

5. Acceptez la joie et le bonheur que vous avez gagnés aujourd'hui en pratiquant le pardon total pour vous-même et les autres.

«Avec l'amour en toi
tu n'as aucun autre besoin
que de le donner»

LEÇON 9

JE NE PEUX RESSENTIR L'AMOUR QUE DANS LE PRESENT

L'amour ne peut être vécu que dans le présent. C'est par l'amour que nous pouvons atteindre l'intemporel. Tandis que nous éprouvons une grande difficulté à vivre dans le moment présent, les nourrissons qui n'ont pas encore la notion du temps linéaire avec un passé, un présent et un futur, semblent, eux, capables de le faire plus facilement. Ils ont un rapport immédiat avec le présent et ne peuvent pas percevoir un monde basé sur la fragmentation et la séparation.

Un nouveau-né est un magnifique symbole d'amour inconditionnel. Il n'est pas préoccupé par le passé ou le futur de ses parents, par leur façon d'être et de parler, ou même s'il est ou non digne d'amour. Il symbolise la connaissance, non pas en tant qu'addition de faits isolés, mais plutôt en tant qu'amour, qui est la vraie connaissance. L'amour est l'essence même de l'être nouveau-né et la lumière qu'il irradie ne peut être qu'un reflet de l'amour de Dieu. Avec sa volonté de faire confiance et de vivre chaque moment pleinement, le nouveau-né nous enseigne que chaque instant peut être une occasion nouvelle pour donner l'amour.

COMMENT L'EGO UTILISE LE TEMPS

L'ego utilise le temps, toutefois, dans un but bien différent. Comme nous l'avons vu plus haut, il voudrait nous faire croire que notre réalité est basée sur les informations que notre cerveau reçoit de nos cinq sens. Cette information est interprétée en termes de passé, de présent et de futur. De cette façon, le temps linéaire devient une illusion nécessaire à la survie de l'ego.

Ce système de croyance, auquel la plupart d'entre nous continuent de souscrire, nous encourage à projeter dans le futur ce que nous avons appris dans le passé, assurant ainsi un futur semblable au passé. Cette projection, basée sur la peur, contraste avec la façon dont un nouveau-né, qui n'a aucun besoin de contrôler le futur, établit son rapport avec la vie en concentrant son attention totale à vivre complètement l'instant présent.

LA PRESENCE DE DIEU

Dès que nous nous attardons sur nos expériences passées et devenons préoccupés par le futur, nous laissons l'ego bloquer notre capacité à vivre l'amour de Dieu dans le présent. Pour s'éveiller à la possibilité de la réalité de l'amour — dans lequel l'inquiétude et l'anxiété sont totalement absentes — nous devons renoncer à notre attachement au passé et au futur. Nous pouvons alors reconnaître que nous sommes faits d'amour, de joie et de paix.

Il nous est à tous possible, ne serait-ce qu'un instant, de vouloir la paix de Dieu comme unique but et le pardon comme unique fonction. Dans cet instant, nous pouvons cesser de juger et d'évaluer, et ainsi faire confiance à la voix de l'amour qui nous conseille et qui nous guide.

Si nous pouvons le faire un seul instant, notre futur peut devenir l'extension d'un présent paisible et aimant qui ne cesse jamais.

MESSAGER DE LA VERITE

Pour pratiquer la leçon d'aujourd'hui, j'ai trouvé utile le processus suivant. Imaginez que l'univers entier est fait de lumière et que vous êtes au centre de cette lumière — dans le cœur de Dieu. Votre seule réalité est lumière. Tout en restant dans la conscience de cette lumière, faites un pas dans le monde de l'illusion de la planète Terre. Imaginez, pendant cette seconde où vous êtes sur Terre, que votre lumière brille sur et à travers tous les autres esprits. Puis revenez à votre place au centre de la lumière. Pendant ce bref instant, vous étiez un messager de Dieu — un messager de la vérité — apportant amour et lumière à un monde de peur et de ténèbres.

En tant que messagers de l'amour, nous n'avons pas à évaluer ou à juger, mais à laisser briller la lumière du Christ qui a toujours été en nous. En répétant ce processus, dites-vous chaque fois: «Je ne peux ressentir l'amour que dans le présent» et votre esprit éprouvera la joie qui vient lorsque nous apportons la lumière à un monde assombri. De cette façon, nous nous éveillons à la connaissance de notre seule demeure, le cœur de Dieu, que nous n'avons jamais quittée.

CELEBRATION DE L'AMOUR

Je voudrais vous raconter l'histoire du projet des Redwoods, une maison de retraite à Mill Valley en Californie. Ce projet fut lancé il y a deux ans par Mary Cole, une merveilleuse vieille dame de quatre-vingt-sept ans qui y habite. Mary avait entendu parler de notre travail au Centre pour la Guérison des Attitudes et trouva que les principes que nous utilisons pouvaient lui être utiles, ainsi qu'aux autres personnes âgées.

Beaucoup de gens de ces maisons de retraite passent leur temps à vivre dans le passé et à craindre le futur. Les personnes âgées ont tendance à se plaindre et à garder rancune — souvent à cause des visites trop rares des membres de leur famille ou de leurs amis. Elles sont aussi préoccupées par des maux physiques et grande est la tentation de pleurer sur leur sort. Leurs sentiments d'impuissance et de solitude contribuent souvent à leur faire voir la vie comme vaine et désespérée.

Mary nous demanda de l'assister dans la présentation d'un programme de guérison des attitudes aux Redwoods afin d'aider ces personnes âgées à considérer le monde d'une autre façon. Nous fûmes très heureux d'accepter son invitation et depuis, nous l'avons soutenue dans ce projet en collaborant avec elle. Le programme consiste en une discussion hebdomadaire de groupe qui inclut des éléments de guérison des attitudes. Mary et une ou deux représentantes du Centre facilitent ces réunions et quelquefois j'y participe aussi.

Le but de ces rencontres est de donner la possibilité aux résidents d'appliquer les principes de la guérison des attitudes dans leur vie quotidienne. C'est une merveilleuse bénédiction pour moi d'être témoin de ce processus. De voir les perceptions changer et les gens développer leur sentiment de dignité et d'utilité en s'aidant les uns les autres confirme notre croyance qu'un développement personnel est possible à tout âge. Les conditions de cette évolution se fondent sur la confiance et la foi en Dieu, l'amour inconditionnel, le pardon et le fait de vivre avec joie dans l'instant présent.

A l'automne dernier, j'eus un emploi du temps si chargé que je ne pus me rendre aux Redwoods pendant plusieurs mois. Puis en janvier, mon emploi du temps s'allégeant, je décidai d'y revenir. En route, comme je passais devant l'étalage d'un fleuriste, j'eus l'idée d'offrir une fleur à chacun des membres du groupe et j'achetai trois douzaines de roses.

Je ne m'attendais pas du tout à cette immense gratitude qu'ils me témoignèrent pour ce petit cadeau! Il y avait des années qu'un grand nombre d'entre eux n'avaient pas reçu de fleurs. Au cours d'une visite ultérieure, j'appris que plusieurs membres du groupe avaient mis leur rose dans le réfrigérateur pendant la nuit pour la préserver et en profiter plus longtemps. J'étais vraiment surpris et touché de voir comment un cadeau aussi simple pouvait leur apporter tant de joie — non seulement pour eux, mais aussi pour moi-même. Cette expérience concrétisa le principe de guérison des attitudes qui dit que «donner et recevoir ne font qu'un en vérité».

Quelques semaines plus tard, lors d'une méditation matinale, je reçus de mon guide intérieur le conseil suivant: des enfants offriront individuellement une rose et un baiser à chacun des trois cents résidents de Redwoods, le jour de la St Valentin. Je proposai ce projet à Mary et au personnel du Centre, leur enthousiasme fut immédiat. Nous commençâmes à nous organiser pour mener à bien notre surprise de la St Valentin.

En premier lieu, nous nous assurâmes de la participation au projet des enfants du Centre, des membres du personnel et d'amis. Puis, une volontaire du Centre alla au marché aux fleurs de San Francisco pour demander s'il était possible d'acheter des roses au prix de gros, mais les roses étant très demandées à cette époque de l'année, la réponse fut négative. Quelques jours plus tard, un de mes amis, en entendant parler du projet, me mit en contact avec un producteur de fleurs qui vendait sur le marché de gros. Quand je lui téléphonai et lui expliquai l'affaire, il proposa immédiatement de nous donner les fleurs. Il dit: «Après tout, l'argent n'est pas tout. C'est d'aider les autres qui compte vraiment — et de leur donner ces fleurs ne va pas seulement les rendre heureux, ça va aussi faire de cette St Valentin la plus belle fête de ma vie!»

Nous avions aussi besoin de trouver trois cents récipients pour recevoir les roses. Mais les vases coûtaient trop cher et je décidai que des bouteilles vides pourraient faire l'affaire. Les bars de Tiburon furent très coopératifs et proposèrent de nous garder leurs bouteilles vides. Il devint très vite évident que nous n'arriverions pas à en avoir un nombre suffisant dans les délais voulus. C'est alors que quelqu'un suggéra de téléphoner à la Société Catlistoga dans la ville voisine, pour leur demander s'ils pouvaient nous aider à résoudre le problème. Ils acceptèrent de nous envoyer gratuitement autant de bouteilles vides que nécessaire. Quand j'arrivai dans la matinée de la St Valentin à la maison de retraite, je trouvai 350 bouteilles de Calistoga remplies d'eau minérale gazeuse! Il sembla d'abord que nous aurions un autre problème sur les bras, car comme nous n'avions pas assez de temps pour vider les bouteilles, nous nous demandions si l'eau gazeuse n'allait pas nuire aux roses. En fait, nous apprîmes quelque chose ce jour là: les roses vivent plus longtemps dans l'eau gazeuse que dans l'eau plate!

Notre surprise de la St Valentin était enfin prête et les enfants commencèrent à parcourir les corridors et frapper à la porte de chaque résident. Quand elle s'ouvrait, ils se présentaient, donnaient leur rose et un tendre baiser. Je vis bien des sourires de reconnaissance apparaître sur les visages d'un grand nombre qui, je parie, n'avaient pas souri depuis des années. Des larmes de joie brillaient dans les yeux des résidents et dans les nôtres, témoins émus d'une scène qui se répéta bien souvent ce jour-là.

Pendant cet instant de dons, alors que l'amour et les baisers s'échangeaient, personne ne pensait au passé. Personne ne gardait de rancune. Il n'y avait que l'union. Il n'y avait que célébration de la vie, célébration de l'amour. Dans l'activité de l'instant, il n'y avait que la joie.

L'expérience de cette journée aux Redwoods est restée gravée dans mon cœur. C'est si simple de donner; combien il est plus facile de partager la joie que les plaintes; combien il est plus facile d'aimer que de haïr; combien il est plus facile de vivre dans le moment présent que dans le passé ou le futur.

JE NE PEUX RESSENTIR L'AMOUR QUE DANS LE PRESENT

Ma préoccupation avec le passé et sa projection dans le futur détruit ma paix dans le présent. La paix ne peut pas être trouvée dans le passé ou le futur, mais seulement maintenant, dans cet instant. Le passé n'est plus et le futur n'est pas encore.

ETAPES POUR INTEGRER LA LEÇON D'AUJOURD'HUI DANS NOTRE EXPERIENCE QUOTIDIENNE

1. Décrivez trois façons par lesquelles vous pouvez donner votre amour aux autres aujourd'hui, sans rien espérer en retour. Choisissez l'une d'elles et prenez l'engagement de partager votre amour avec quelqu'un aujourd'hui.

2. Pour un instant seulement, décidez de n'accepter que la paix de Dieu comme but unique aujourd'hui. N'oubliez pas que Dieu n'est jamais dans le passé ou le futur, mais seulement dans le présent. Vous pouvez accepter Sa paix *maintenant*.

3. Au moins deux fois aujourd'hui, soyez le «messager de la vérité», décrit dans la leçon d'aujourd'hui: imaginez que l'univers entier n'est fait que de lumière et que vous êtes au centre de cette lumière — dans le cœur de Dieu. Reconnaissez que votre seule réalité est lumière. Maintenant, pendant que vous gardez conscience de cette lumière, faites un pas dans le monde de l'illusion sur la planète Terre. Imaginez que pendant cette seule seconde où vous êtes sur Terre, la seule chose que vous ayez à faire est de laisser cette lumière briller sur et à travers tous les autres esprits. Puis retournez au centre de la lumière. Pendant ce bref instant, alors que vous étiez dans le monde de l'illusion, vous étiez un messager de Dieu — un messager de vérité — apportant l'amour et la lumière à un monde de peur et de ténèbres. Rappelez-vous qu'en tant que messager de la vérité, vous n'avez pas à évaluer ni à juger,

vous n'avez rien d'autre à faire qu'à laisser briller la lumière du Christ.

4. Pour un moment seulement, laissez votre esprit se vider complètement. Et, dans cet instant, acceptez la joie qui est votre héritage naturel comme le véhicule qui apporte la lumière aux autres.

*«Toute guérison
est une délivrance du passé»*

LEÇON 10

SANS LE PASSE, JE REVENDIQUE MA LIBERTE MAINTENANT

Est-il possible que ce monde et tout ce qui le constitue soit seulement un rêve? Est-il possible que notre esprit se soit séparé de Dieu, notre seule Source, et nous incite à croire que nous vivons dans un monde où la séparation, la souffrance et la mort sont réelles? Est-il possible que nous soyons simplement endormis sans le savoir?

Je crois profondément qu'en acceptant l'amour comme notre réalité, nous comprenons que nous avons passé des années à rejouer de vieux scénarios inventés par nos esprits. C'est notre ego qui a écrit, produit et joué tous les rôles de ces productions dramatiques dont l'intention principale est de projeter l'illusion que nous sommes séparés les uns des autres.

MELODRAMES PERSONNELS

Quand nous commençons à nous éveiller, nous mesurons combien nous avons été attachés à ces vieux drames dont le message est invariable: nous vivons dans un monde où la séparation est une réalité. Les forces opposées ne peuvent jamais être réconciliées, la punition et le désespoir sont inévitables, le passé prédit le futur, et la joie et la paix durables sont impossibles. Dans notre état de sommeil, les variations infinies sur ce thème apparaissent très normales et réalistes. En fait, elles décrivent un monde fou et irréel, dans lequel la confiance et la foi ne sont que de courtes envolées dans l'imaginaire et où l'amour inconditionnel n'existe pas.

Tout ce dont nous faisons l'expérience dans nos vies est en fait une projection sur l'extérieur de notre propre état psychologique. Dans ce processus d'extériorisation, nous en venons à croire que le monde est en dehors de nous. Nous refusons de reconnaître, toutefois, que ce monde «en dehors» est en réalité le reflet de nos propres pensées et de nos fantasmes. Si nous continuons à vivre ces mélodrames du passé, notre éveil à la vérité en sera retardé. Car, comme nous le dit le *Cours sur les miracles*, à moins que le passé ne cesse d'exister dans notre esprit, le monde réel échappera à notre vue.

LA DELIVRANCE DU PASSE

Comment, alors, pouvons-nous voir le monde tel qu'il est réellement et nous éveiller à la présence de l'amour dans nos vies, que le monde offre par le pardon? Il nous faut nous délivrer nous-mêmes et les autres de toutes les erreurs du passé. Les grands maîtres spirituels nous ont enseigné qu'il est possible de pardonner à tous — même à ceux qui semblent nous avoir fait le plus de mal. En tant qu'enfants de Dieu, nous avons aussi le pouvoir de transcender nos illusions en choisissant de voir le monde par les yeux de l'amour — les yeux du pardon.

Chacun d'entre nous porte en lui-même des souvenirs douloureux qui lui viennent du passé. Afin de nous protéger de la répétition de ces expériences pénibles dans le futur, nous construisons un système de défense. En utilisant nos peurs passées pour construire un futur terrifiant, nous devenons incapables de vivre sans peur dans le présent.

Comme nous ne pouvons pas ressentir l'amour et la peur simultanément, il nous faut reconnaître que le passé n'est plus et qu'il ne peut plus nous toucher.

«L'ENDROIT LE PLUS SACRE»

Pour illustrer la leçon d'aujourd'hui, je voudrais partager avec vous l'expérience que je fis il y a environ deux ans. Le co-auteur de ce livre, le Dr William Thetford (à qui nous devons, avec Helen Schucman, la réalisation du *Cours sur les miracles*) et moi-même avions accepté une consultation avec le personnel médical de la base de Travis Air Force en Californie, au sujet des principes du Cours, c'est-à-dire des principes de guérison des attitudes, et sur la façon dont ils pouvaient être appliqués sur le plan médical. Ce fut d'ailleurs la première de toute une série de rencontres qui se poursuivent encore.

Pendant l'heure et demie qu'il fallut pour nous rendre en voiture de Tiburon à Trevis, je sentais mon anxiété grandir car je ne savais pas comment j'allais réagir en arrivant à la base. La raison d'un tel bouleversement intérieur venait du fait que, pendant la guerre de Corée, j'avais été mobilisé, de 1953 à 1954, à Travis dans le service psychiatrique, et ces deux années furent très difficiles pour moi. La vie militaire m'irritait profondément. Je détestais le port de l'uniforme. En bref, j'avais hâte de retourner à la vie civile. Le jour où je reçus mon avis de démobilisation, je revendis immédiatement l'uniforme que j'avais encore sur le dos en annonçant bruyamment: «Dieu merci, je n'aurais jamais à remettre les pieds dans cette base!» Et me voici, presque trente ans plus tard, en route pour cette même base pour parler — imaginez donc — du pouvoir du pardon!

Malheureusement, je n'avais pas fait mon travail de pardon, tout au moins en ce qui concernait le service militaire, et je me sentais encore coincé dans ce passé. Je continuais de penser que l'attaque et la défense n'étaient que les seules préoccupations de l'armée et j'avais beaucoup de mal à croire que d'aller leur parler d'amour et de pardon puisse être reçu avec enthousiasme. La peur éprouvée dans le passé m'encourageait à prédire la peur de l'avenir et, de plus, cette base militaire offrait un «écran» utile à la projection de mes propres pensées agressives.

A la suggestion de Bill, nous nous arrêtâmes pour méditer avant d'arriver à la base. Alors que nous priions ensemble, je choisis de voir tout le vécu négatif de ces deux années passées à Trevis comme une illusion et je n'oubliais pas bien sûr que les illusions n'ont aucune valeur. Il me fallait demander au Saint-Esprit de m'aider à me libérer du passé. Ma requête fut entendue, car je me sentis en paix en arrivant. A la fin de notre rencontre, j'éprouvai une grande reconnaissance pour avoir eu l'occasion de partager mes idées sur le pouvoir de guérison de l'amour et du pardon avec le personnel médical de la base. Si je n'avais pas voulu admettre que le passé n'était plus, jamais je n'aurais pu partager le miracle d'amour qui eut lieu cet après-midi-là.

Chaque fois que je retourne à la base pour nos rencontres, je me sens en paix et c'est avec un sourire que je me souviens d'une phrase du *Cours sur les miracles* qui dit: «L'endroit le plus sacré de la terre se trouve là où une haine ancienne devient un amour présent».

S'EVEILLER A LA REALITE DE L'AMOUR

La lettre suivante démontre bien comment, lorsque nous sommes capables de dire: «Sans le passé, je revendique ma liberté maintenant», le monde que nous voyons devient différent.

«Jerry,

Il m'est difficile de décrire la profondeur de l'expérience qui m'a récemment transformé. Je m'étais persuadé d'être incapable de ressentir l'amour, d'être la victime des événements et des gens autour de moi.

Je découvris très jeune que j'étais homosexuel et cela me parut naturel. Lentement, je construisis un système de défense, des murs et des barrières, pour me protéger de ma vulnérabilité. Je ne me rendais pas compte qu'en refusant ma condition, je dissimulais tous les autres aspects de mon être.

Jusqu'à l'année dernière, je n'avais jamais eu de relation affective (j'ai vingt-cinq ans), lorsqu'un homme bon et aimant entra dans ma vie. Je refusais cependant d'accepter que j'avais besoin de son amour.

Je pouvais lire dans ses yeux sa vérité et sa bonté et ce ne fut qu'après notre séparation que je compris qu'elles étaient réelles. En partant en vacances pour deux semaines je m'arrêtai dans une librairie en ville pour voir si je pouvais commencer à m'engager dans de nouvelles idées. Je me répétais qu'il devait y avoir une autre façon de vivre.

Certains matins, je me réveillais appréhendant la journée à venir; le travail était surtout une corvée.
Je vis *Aimer c'est se libérer de la peur* et le titre m'intrigua à cause de ces deux mots, *amour* et *peur* : mon ami les avait employés. «Tu as peur d'aimer», me disait-il.
Je lus votre petit livre pendant mes vacances et j'oubliai tout le poids et les soucis de mon affaire. Ce livre me parlait et je commençais à appliquer certaines de ses idées dans ma vie.
Dès mon retour je le relus attentivement et en appliquai les principes pendant trois jours. Ce fut le début d'une étonnante transformation. Je sentais en moi, pour la première fois de ma vie, le germe du potentiel humain.
Le troisième jour fut incroyable. Une énergie nouvelle me traversa le corps. Quand ce soir-là je rentrai chez moi, je n'arrêtais pas de sourire... je m'endormis et me réveillai une heure plus tard. Soudain, je sentis toute cette chaleur humaine accumulée pendant la journée s'agiter dans mon corps et une vague intense de vibrations me parcourir des pieds à la tête. C'était si intense que je crus perdre la tête; des larmes coulaient sur mes joues. Je m'encourageai mentalement à ne pas avoir peur de ce que j'éprouvais. Puis, d'un point situé au-dessous du nombril, je ressentis l'agitation de cette chaleur encore plus intensément et je VIS une lumière irradier de mon abdomen. J'étais dans un état second et je me demandais si je ne rêvais pas, mais c'était bien REEL.
J'avais envie d'embrasser tous les gens que je connaissais. Leur chaleur me pénétrait! Je criai et criai la joie pure et l'intensité de la Vie. Quand cette vague de vibrations cessa, je regardai la pendule: il y avait deux heures que j'étais dans cette extase!

Le lendemain je me réveillai avec une énergie extraordinaire. J'avais un million de choses à faire et chacune m'enseignait quelque chose. Plus je ressentais l'amour et le laissais irradier, moins il y avait de place pour la peur. Mon travail me semblait merveilleux. Je voulais toucher et sentir profondément chaque personne.
Cette pure joie de vivre était si intense! J'avais l'impression de ne pas avoir besoin de manger ni dormir! Pendant la semaine qui suivit, l'intensité de l'énergie se dissipa, mais je suis vraiment différent maintenant.
Je *sens* la vie et cela semble si bon. Je veux continuer de croître dans toutes les directions. J'aime tant ma famille et mes amis... et c'est maintenant si naturel. En pleurant, j'ai pu briser tous ces murs que j'avais mis des années à construire.
Je me sens fort; je suis heureux de vivre, heureux que vous ayez partagé vos idées avec le monde parce qu'elles sont universelles. Elles vont au-delà des doctrines et des dogmes de la religion, pourtant elles contiennent les éléments de beaucoup d'entre eux.
J'espère pouvoir un jour vous entendre parler, mais de toute façon, je ressens votre vie par vos paroles et je sais que nous ne faisons qu'un.

Avec amour.»
George

SANS LE PASSE, JE REVENDIQUE MA LIBERTE MAINTENANT

Je ne suis esclave du temps que si je revis le passé dans le présent. En pardonnant et en me libérant du passé, je me libère du pénible fardeau que j'ai traîné vers le présent. Je prétends maintenant à des perspectives de liberté dans le présent sans les altérations du passé.

Aujourd'hui la liberté est mon but et je dis: *Je choisis de revendiquer ma délivrance d'un passé douloureux et pénible en ne vivant que dans le présent immédiat.*

ETAPES POUR INTEGRER LA LEÇON D'AUJOURD'HUI DANS NOS EXPERIENCES QUOTIDIENNES

1. Identifiez un des scénarios de mélodrame que vous jouez sans cesse sur l'écran de votre cinéma intérieur. Décidez aujourd'hui de vous délivrer des limitations de ce scénario en disant: «Comme enfant de Dieu, je peux me libérer de mon passé douloureux et choisir de voir le monde par les yeux de l'amour — les yeux du pardon.»

2. Visualisez tous les souvenirs malheureux de votre passé qui s'étendent derrière vous comme un long tapis. Imaginez le tapis s'enroulant sur lui-même et disparaissant. Maintenant considérez ce passé comme vraiment disparu et appréciez vos possibilités de bonheur dans le moment présent.

3. Au moins une fois aujourd'hui, prenez cinq minutes pour méditer sur le concept de la leçon d'aujourd'hui: *Sans le passé, je revendique ma liberté maintenant.*

4. Identifiez une des difficultés que vous avez rencontrées dans une relation présente ou passée. Maintenant posez-vous la question: «Quel est le

grief auquel je suis attaché et qui limite ma liberté?» Rappelez-vous que le pardon peut être instantané; décidez donc aujourd'hui d'abandonner tous vos griefs — passés ou présents — et revendiquez votre liberté maintenant.

«S'aimer , c'est se guérir»

LEÇON 11

SEULE MA CONDAMNATION ME FAIT DU MAL*

Je suis toujours surpris de constater à quel point mon esprit est divisé. Il est vraiment important de ne pas sous-estimer la capacité de l'ego à troubler notre paix, même quand nous croyons notre esprit centré et libéré de ses conflits.

LA PAIX MENACE L'EGO

Quand nous éprouvons la paix de l'esprit, notre ego a tendance à se sentir menacé et cherche à se débarrasser immédiatement de cette paix. Comme l'ego n'est pas très clair quant à la signification de la souffrance et du bonheur, il essaie de nous rendre la souffrance attrayante.

La capacité de l'ego à désorganiser notre vie quand nous nous y attendons le moins m'est apparue clairement un jour de l'année passée, alors que je donnais une série de conférences à Hawaï. J'aime bien commencer ma journée, quand je le peux, en prenant de l'exercice. Je m'étais levé tôt un matin pour aller faire du jogging. C'était une journée magnifique et je courais en répétant mes citations

---

* *Cours sur les miracles*, titre du manuel, leçon 198.

favorites du *Cours sur les miracles.* Je me sentais particulièrement paisible et uni à Dieu.

Tout en courant, mon regard fut attiré par une boîte de bière vide déparant la pelouse soigneusement entretenue du terrain de golf que je longeais. Immédiatement, je condamnai l'inconnu qui avait jeté cette boîte sans se soucier de la beauté du gazon. Au moment où je portai ce jugement, je pris conscience que ma paix intérieure commençait à disparaître.

Il me revint alors en mémoire toutes les fois où, dans ma vie, j'avais sans y penser jeté des choses par la fenêtre de ma voiture. Je me rendis compte que je continuais à me sentir coupable pour ces actions du passé et qu'il était nécessaire de me libérer de ces sentiments.

Comme mon ego avait fait de mon jogging paisible une course coupable, je décidai de demander au Saint-Esprit de m'aider à me détacher de ma propre condamnation et de ma culpabilité.

Mon maître intérieur répondit en me disant que si je voulais vraiment me libérer de mon passé et être en paix, je devais retourner sur le terrain de golf et ramasser la boîte qui le dégradait. «Mais c'est à au moins un kilomètre et demi pour y retourner» m'opposai-je. Puis reconnaissant la voix insinuatrice de mon ego, je fis demi-tour en direction du terrain de golf pour accomplir cette tâche.

A l'instant où je ramassai la boîte, je me sentis en paix et joyeux. J'avais fait ce qu'il fallait faire.

J'étais heureux de voir que la beauté naturelle de cette pelouse n'était plus gâchée par la boîte de bière et de savoir que j'avais fait de mon mieux pour permettre aux autres d'apprécier aussi cette beauté.

LE DESORDRE DE L'AUTOCONDAMNATION

Avec le recul, je me rends compte que mon esprit était préoccupé par le désordre de ma propre condamnation et de celle des autres. Je me condamnais pour ma maladresse, mon hyperactivité, ma timidité, pour être un étudiant médiocre et aussi — cela semble ridicule aujourd'hui — pour être incapable de chanter juste. En général, je me considérais comme un «raté». J'étais sûr que je ne pourrais jamais rien faire de bien et que les autres ne m'aimeraient pas; même ma culture juive m'irritait. Je me souviens avoir une fois condamné mes parents parce qu'ils étaient juifs — et que, sans cela, j'aurais pu être comme les autres, à l'abri des attaques antisémites. Quelle énorme délivrance ce fut pour moi d'apprendre à me détacher du passé, de ma culpabilité et de ma condamnation. Quelle joie de sentir le poids du monde sur mes épaules s'alléger au fur et à mesure que ma capacité d'exercer le pardon, de m'accepter moi-même et de ressentir la présence de Dieu dans ma vie, s'accroissent.

LE MIROIR DE L'AMOUR

Quand nous nous condamnons nous-mêmes ou les autres, nous permettons à nos esprits de se nourrir des illusions terrifiantes créées par notre ego et nous devenons prisonniers de ces distorsions. Notre seule réalité est une expansion, une extension, une pensée dans l'esprit de Dieu où il n'y a ni séparation, ni temps, ni espace.

LE PIEGE DE L'ESPRIT DIVISE

Comme l'ego trouve la réalité extrêmement menaçante, il travaille sans relâche à nous persuader que nos illusions sont réelles. Nous ne pouvons pas croire à un monde illusoire et à la réalité de l'amour de Dieu en même temps sans éprouver de conflit et de division interne. Je suis pourtant convaincu que, aussi longtemps que nous serons sur cette terre, nous serons toujours tentés d'agir comme si le monde physique, et tout ce qui le compose, était réel.

Lorsqu'une illusion semble plus fondée ou plus désirable qu'une autre, j'essaie de me souvenir que toutes les illusions additionnées n'égalent que 0 et que 0 + 0 = 0.

«NE CROQUEZ PAS LA POMME»

L'histoire suivante relate comment une amie, Linda Berdeski, a cessé de se condamner et de se punir après avoir pris la décision vitale de s'unir à l'amour dont elle n'avait jamais vraiment été séparée.

Il y a un peu moins de dix ans, Linda, divorcée, mère de quatre enfants «toucha le fond». Elle était sans le sou, alcoolique et droguée. Son amour-propre était au plus bas, mais son autocondamnation au plus haut.

Un jour, alors qu'elle était assise dans un bar de San Diego, Linda se rendit compte qu'elle avait un choix. Elle pouvait continuer à boire jusqu'à destruction totale ou s'assumer et changer sa vie. Il lui suffit d'un instant pour prendre sa décision. Elle dit à ses compagnons de bar qu'elle ne voulait plus d'une vie d'alcoolique et, tournant le dos à son passé, elle quitta la pénombre du bar pour l'éclatante lumière du soleil de midi.

Linda me raconta que, lorsqu'elle avança dans la lumière du soleil, elle sentit la chaleur encourageante de la présence de Dieu qui l'entourait et soutenait sa décision. Dans les quelques semaines qui suivirent, elle rechercha l'aide nécessaire pour se désintoxiquer et commencer une nouvelle vie. Elle se libéra de son passé affreux et pénible, ainsi que de sa crainte d'un futur incertain. En résumé, elle s'en remit à Dieu. En exerçant le pardon envers tous, y compris elle-même, elle s'aperçut très vite des effets positifs qu'avait dans sa vie sa confiance en Dieu.

Peu de temps après avoir cessé de boire, Linda travailla comme volontaire dans un centre pour alcooliques. Plusieurs mois plus tard, un poste de conseiller se présenta dans ce centre et Linda fit une demande pour l'obtenir. Sans avoir l'éducation supérieure, ni l'expérience professionnelle requise, elle fut choisie pour cet emploi.

Je lui demandai pourquoi, à son avis, elle avait été choisie malgré son manque de références et sa réponse m'intrigua: «Quand ils me demandèrent pourquoi je pensais être la personne qualifiée pour ce travail, je fus surprise des mots que je prononçai: «je veux aider les autres et je suis probablement la personne la plus extraordinaire que vous ayez jamais rencontrée!» Croyez-moi, même au plus fort d'un délire, je n'aurais jamais imaginé pouvoir dire une chose pareille. C'était comme si quelqu'un d'autre avait parlé pour moi. Bref, je fus engagée.»

Pendant les deux années qui suivirent, Linda enseigna la pensée positive dans ce centre et sa propre vie changea de façon miraculeuse. «Les théories du Christ sont efficaces si vous les mettez en pratique» dit Linda. «Dans la Bible, le Christ dit à Simon Pierre: "M'aimes-tu?" et Simon Pierre réplique: "Seigneur, vous savez que je vous aime". Alors le Christ répond: "Nourris mes moutons".» Et Linda ajoute: «La façon de le faire est de nourrir — mentalement et physiquement — ceux qui en ont besoin.»

Il y a quatre ans, pour répondre aux besoins des sans-abri et des affamés d'Imperial Beach dans la banlieue de San Diego, près de la frontière mexicaine, Linda ouvrit un tout petit restaurant qu'elle appella «Mon petit café». Linda décrit son restaurant qui se trouve dans un quartier économiquement pauvre, près de la mer, comme «une sorte de déguisement — c'est une façade pour Dieu». Et tous ceux qui y sont allés peuvent vous le confirmer.

Chaque jour, en plus de servir le petit déjeuner, le déjeuner de midi et le dîner à ceux qui peuvent payer le prix modeste d'un repas, Linda et ses volontaires, dont souvent ses enfants adolescents, apportent soupe et sandwiches sur le quai, à quelques mètres de la porte. Ils nourrissent les alcooliques sans logis, les toxicomanes, les jeunes en fugue, ou quiconque a faim et ne peut pas se payer un repas. «Nous leur donnons ce que nous pouvons», dit-elle. Mais elle ne les «nourrit» pas seulement de nourriture. Ceux qui viennent au café pour demander de l'aide sont pris en charge temporairement soit pour un logement, des vêtements ou encore des livres ou un moyen de transport pour se rendre au centre de désintoxication de San Diego où elle travaillait jadis.

Cette idée de café-restaurant a amené Linda vers d'autres activités du même genre. En fait, «Mon petit café» est le centre d'une organisation qui compte aussi une église portant le nom peu commun de «Ne croquez pas la pomme». Linda en explique éloquemment la signification:

> «Vous et moi jouons continuellement les rôles d'Adam et Eve au Paradis. Chaque fois que nous jugeons un autre, nous croquons la pomme de la condamnation. Chaque fois que nous encourageons un autre à condamner ou à critiquer, nous

tentons Adam. Chaque fois que nous laissons le jugement humain du bien et du mal dominer notre pensée, nous sommes chassés du Paradis.
La formule pour rester au Paradis est très simple. Exercez-vous, encore et encore, à ne pas croquer la pomme. Vous verrez qu'ainsi, vous serez de plus en plus capables de donner aux autres. Vous ressentirez de plus en plus l'amour inconditionnel et vous le partagerez avec les autres. Nous choisissons nous-mêmes de vivre soit dans le bonheur paradisiaque, soit en dehors de lui. C'est un choix conscient.»

Linda est aussi une étudiante du *Cours sur les miracles*. Régulièrement dans les cours du soir, elle enseigne les principes du *Cours* ainsi que ses applications dans la vie quotidienne. Sa vie est vouée à donner et à aider les autres. La lumière de l'amour, la lumière de Dieu qui brille en Linda est une inspiration pour tous ceux qui la rencontrent.

L'histoire de Linda nous rappelle que nous avons *toujours* le choix. La liberté vient quand nous comprenons au plus profond de notre cœur que nous sommes unis à Dieu et à nos frères et que l'amour que nous partageons avec eux est sans limites et éternel.

En méditant sur la leçon d'aujourd'hui, révisons les pensées suivantes:

SEULE MA CONDAMNATION ME BLESSE

Sans condamnation, je peux me libérer de la culpabilité et de la peur. Si je crois pouvoir blesser les autres, je dois aussi croire qu'ils peuvent me faire du mal. Aujourd'hui, je revendique ma propre liberté en acceptant le pardon pour moi-même et en l'étendant à chacun et je n'oublie pas que je choisis avec joie de délivrer moi-même et tous ceux que je connais de la prison de la condamnation.

ETAPES POUR INTEGRER LA LEÇON D'AUJOURD'HUI DANS NOTRE EXPERIENCE QUOTIDIENNE

1. Calmez votre esprit. Identifiez chacun des sentiments de frustration, de dépression ou de souffrance que vous pouvez éprouver aujourd'hui.

2. Cherchez maintenant toute pensée qui ne veut pas pardonner et qui se cache derrière votre inconfort. Rappelez-vous que seule votre condamnation vous fait mal et que seul votre pardon vous libérera.

3. Linda Berdeski utilise ces critères pour définir l'acte de «croquer la pomme». Posez-vous ces questions aujourd'hui:
   Est-ce que je critique les autres?
   Est-ce que je me critique?
   Est-ce que je condamne les autres?
   Est-ce que je me condamne?
   Est-ce que je juge le présent par le passé?
   Est-ce que le jugement humain du bien et du mal domine ma pensée?

4. Dans toutes les situations et rencontres aujourd'hui, souvenons-nous de la présence de Dieu en ouvrant notre esprit à cette pensée du *Cours sur les miracles*: «Dieu Lui-même est incomplet sans moi» Souvenez-vous de cela lorsque l'ego parle et vous ne l'entendrez plus. Votre vérité intrinsèque est si sublime que rien n'est digne de vous qui ne soit digne de Dieu. Choisissez donc ce que vous voulez en fonction de cela et n'acceptez rien que vous n'offririez à Dieu comme lui convenant parfaitement. Vous ne voulez rien d'autre.

«Vois le présent avec amour
car il contient les seules choses
qui soient éternellement vraies.»

LEÇON 12

JE RECEVRAI CE QUE JE DONNE MAINTENANT

La loi de l'amour ne reconnaît pas différentes sortes ou degrés d'amour. Elle n'en reconnaît qu'un seul: l'amour de Dieu. L'amour de Dieu est total; il n'est pas limité par le temps et personne n'en est exclu. Il ne peut que se propager, unir et s'accroître. La loi de l'amour nous enseigne que donner et recevoir surviennent en même temps et que plus on donne, plus on renforce la réalité de la présence de l'amour dans nos vies.

LA LOI DU MONDE

Toutefois, un grand nombre d'entre nous agit selon un principe bien différent. La loi du monde semble être: «Amassez le plus possible et gardez jalousement ce que vous avez. Quand les choses vont mal, pensez d'abord à vous-même».

Ce principe du don, fondé sur les perceptions de l'ego, nous convainc que certains sont plus dignes d'amour que d'autres, en nous basant, pour en juger, sur leurs actions et sur ce que nous font percevoir nos sens. En fait, l'ego nous persuade que c'est à nous de déterminer qui est digne d'amour et qui ne l'est pas, en fonction des apparences et des actions. Ce principe du don voudrait aussi nous faire croire qu'il y a différentes sortes et degrés d'amour et que c'est à nous de décider quelle sorte d'amour est la plus appropriée à chacune de nos relations.

L'AMOUR INCONDITIONNEL CONTRE L'AMOUR CONDITIONNEL

Selon la loi de l'amour, donner signifie que l'amour est donné sans espoir de retour. Cela veut dire que l'autre personne n'est pas obligée de rendre cet amour ni de changer en aucune façon. Donner totalement, c'est aimer inconditionnellement.

Beaucoup pratiquent l'amour conditionnel — un «Je t'aimerai si...», une sorte d'amour qui dépend du rôle et du comportement des autres: «Si vous me donnez ce que j'attends de vous, je vous aimerai». «Si vous pouviez changer uniquement ceci, alors je pourrais vous aimer complètement.»

Certains d'entre nous pensent que nos parents auraient dû se comporter différemment pendant notre enfance ou notre adolescence et, peut être, essayons-nous encore de les changer.

Nous aurions souhaité que leur amour fût exprimé d'une autre façon — celle que nous préférons. Quand nous nous laissons prendre au piège de ces pensées, il peut être utile de se rappeler que nos parents ont fait pour le mieux dans le contexte de leur propre expérience de la vie.

Quelle que soit la façon dont nous avons été élevés ou dont nos parents nous ont donné leur amour, la vérité, c'est que pour recevoir l'amour inconditionnel, nous devons donner l'amour inconditionnellement.

Et ceci n'est pas seulement vrai pour nos relations familiales, mais aussi pour toutes nos autres relations.

LE CADEAU DE GERALDINE

Les enfants de notre Centre pour la Guérison des Attitudes semblent savoir instinctivement qu'ils recevront ce qu'ils donnent et ils le démontrent régulièrement. L'exemple le plus remarquable du principe «donner, c'est recevoir» fut illustré par une fillette de quatorze ans, Géraldine, venue à notre Centre plusieurs années auparavant. Elle souffrait d'une tumeur au cerveau et elle s'entendait très mal avec les autres enfants.

Quand je la rencontrai pour la première fois avec ses parents, ils me présentèrent un dossier épais consacré en grande partie à son comportement négatif et incontrôlable. Ils furent surpris quand je leur dis: «Au lieu de parler de ce dossier et de nous attarder sur les problèmes passés de Géraldine, je voudrais tenter une autre approche. Dites-moi toutes les choses positives que vous savez sur elle. Parlez-moi de ses points forts au lieu de ses faiblesses». Au début il leur fut difficile de trouver les côtés positifs de Géraldine, mais comme ils se concentraient sur ses qualités, je remarquai que leurs émotions changeaient et qu'ils commençaient à entrevoir la situation plus clairement.

En plus de ses difficultés avec ses congénères, Géraldine avait une histoire médicale compliquée, y compris une intervention chirurgicale. Elle avait été soumise également à une chimiothérapie qui lui avait fait perdre ses cheveux, ce qui lui valut les railleries des autres enfants.

Géraldine était très timide et n'avait jamais rencontré d'enfants confrontés aux mêmes problèmes que les siens; elle décida de participer à une des réunions du groupe d'enfants. Le soir où elle vint, il y avait là plusieurs enfants qui devaient retourner à l'école pour la première fois depuis qu'ils avaient perdu leurs cheveux par la chimiothérapie. Ils avaient très peur, à cause de leurs têtes chauves, d'être l'objet des railleries et des sarcasmes de leurs camarades de classe. Géraldine les écoutait parler de leurs appréhensions, et, soudain, commença à s'ouvrir. Elle partagea alors avec eux sa propre expérience. Elle leur expliqua ce qui avait été positif dans ses relations avec ses camarades de classe et ce qui ne le fut pas. Elle se donna complètement. Alors que son amour irradiait vers nous et qu'elle acceptait le nôtre en retour, il devint clair pour chacun dans la salle que donner et recevoir étaient inséparables et instantanés.

Je n'oublierai jamais cette fin de réunion. Avec des larmes aux yeux, Géraldine courut vers ses parents et dit: «Je n'ai jamais éprouvé autant d'amour avec d'autres enfants! Est-ce que je pourrai revenir ici?» A l'exemple de Géraldine, ses parents purent se détendre et se libérer; ils pleurèrent aussi. C'était comme s'ils étaient enfin arrivés à destination — «la destination», bien sûr, étant le lieu où l'on éprouve l'amour inconditionnel et où l'on ressent la paix de Dieu.

Géraldine et ses parents vivent à quatre-vingt kilomètres de Tiburon, mais elle continue de venir régulièrement à nos réunions.

UNE SURPRISE DE SAINT FRANÇOIS

Un troisième exemple de la leçon d'aujourd'hui concerne les statues en bois de saint François, sculptées par Ortega, un artiste de Santa Fé, dans le Nouveau-Mexique.

Il y a environ six ans, j'achetai, avec un ami, une statue du saint de soixante-cinq centimètres de haut, pour Bill Thetford et, l'année dernière, j'en achetai une semblable pour mon amie Diane Cirincione. J'en achetai une plus petite pour moi-même et la mis sur mon bureau afin de me souvenir de la prière de saint François que je répète chaque matin.

PRIERE DE SAINT FRANÇOIS D'ASSISE

Seigneur, fais de moi l'instrument de Ta paix.
Où il y a haine, laisse-moi semer l'amour;
Où il y a blessure, le pardon;
Où il y a doute, la foi;
Où il y a désespoir, l'espoir;
Où il y a ténèbres, la lumière;
Où il y a tristesse, la joie.
O Maître Divin, fasse que
Je cherche moins
A être consolé qu'à consoler;
A être compris qu'à comprendre;
A être aimé qu'à aimer;
Car c'est en donnant que nous recevons;
C'est en pardonnant que nous sommes pardonnés;
et
En mourant que nous renaissons à la vie éternelle.

Depuis que je suis une voie spirituelle, je fais de mon mieux pour ne pas m'attacher aux choses que je possède. Je m'aperçois maintenant que de toutes les choses qui furent miennes, c'est à cette statuette que j'étais le plus attaché.

A l'automne dernier, le Centre pour la Guérison des Attitudes donna une fête chez moi en l'honneur de nos volontaires. Romney Fennell, la coordinatrice des volontaires et mère d'une petite fille atteinte d'une leucémie, voyant la statue sur mon bureau en tomba immédiatement amoureuse. Sur le coup, je décidai de la lui donner et j'en ressentis une très grande joie. Je fus surpris de constater que la statue ne me manquait pas du tout.

Il y a deux mois, Diane et moi étions invités à faire le sermon du dimanche dans l'église de Hugh Prather, à Santa Fé. Imaginez ma surprise et ma joie de recevoir à la fin du service — en cadeau de la congrégation — une magnifique statue de saint François de quatre pieds de haut, sculptée par Ortega! Les membres de la congrégation ne savaient pas que j'avais donné ma statue, mais ils s'étaient sentis «guidés» pour m'offrir ce cadeau spécial. Ils m'enseignèrent, d'une façon certaine, que donner et recevoir ne font et ne sont qu'un.

Ces exemples éclairent l'importance d'exprimer l'amour inconditionnel dans nos vies. Nous pourrons nous en souvenir en révisant la leçon d'aujourd'hui.

JE REÇOIS CE QUE JE DONNE MAINTENANT

Donner et recevoir ne font qu'un et ne surviennent qu'en même temps. Je ne peux que recevoir ce que je donne. Cela est vrai dans toutes les situations de ma vie et dans toutes mes relations avec les autres.

ETAPES POUR INTEGRER LA LEÇON D'AUJOURD'HUI DANS NOTRE EXPERIENCE QUOTIDIENNE

1. En vous réveillant aujourd'hui, dites à haute voix la prière de saint François d'Assise et faites de votre mieux pour l'appliquer dans chacune des situations qui surviennent aujourd'hui.

2. Calmez votre esprit et méditez la pensée suivante: puisque je veux recevoir la paix et l'amour tout au long de la journée, je dirai silencieusement ou directement à tous ceux que je rencontre: «Je vous offre la paix et l'amour, et j'accepte l'amour et la paix pour moi-même».

3. Imaginez que vous vous trouvez au bord d'un magnifique étang très calme et paisible. Faites-y tomber un caillou et voyez comment les ondes se propagent et atteignent chaque particule d'eau. Imaginez que ces ondes, s'étendant vers chacun inconditionnellement, ce sont nos pensées d'amour.

4. Pensez à quelqu'un que vous êtes tenté de vouloir changer. Exercez aujourd'hui la libération de cette tentation en vous répétant à vous même: «(Précisez le nom), je t'accepte totalement tel que tu es».

5. Rappelez-vous fréquemment aujourd'hui que plus vous donnez votre amour, plus vous en aurez pour vous-même et dites: «Je recevrai ce que je donne maintenant».

«L'agression cédera toujours à l'amour
si elle lui est amenée et non pas cachée.»

LEÇON 13

LE PARDON M'OFFRE TOUT CE QUE JE VEUX *

Pouvez-vous imaginer ce que ce serait de se réveiller sans inquiétudes, sans anxiétés, sans peurs, libéré des sentiments de culpabilité et des griefs du passé, sans doutes ni incertitudes concernant le futur? Pouvez-vous imaginer vous réveiller en vous sentant parfaitement heureux, en paix et aimant? Tout cela est possible quand notre pardon est complet.

AMNESIE CELESTE

Qu'arriverait-il si nous fermions nos yeux pour un instant seulement et que nous pardonnions totalement au monde et à tout ce qui l'habite — nous réveillant ensemble avec seulement la conscience de l'amour? Imaginez ce réveil comme un processus de renaissance dans lequel il n'y aurait plus aucun souvenir de peur, de culpabilité ou de souffrance. Laissez votre esprit comprendre ce concept que William Thetford appelle «l'amnésie céleste», un état dans lequel seul est présent à votre mémoire l'amour donné et l'amour

* *Cours sur les Miracles*, manuel, leçon 122.

reçu. Et cet amour n'a pas de passé, de présent ou de futur parce qu'il s'agit de l'amour de Dieu inchangeable et éternel.

L'amour de Dieu est en nous, que nos yeux soient ouverts ou fermés, que nous soyons endormis ou éveillés, il a été, il est, il sera toujours là.

LA LUMIERE DE L'AMOUR

Si vous le voulez bien, il est possible d'étendre maintenant les limites de votre imagination. Commencez par vous sentir soulevé et libéré hors de la prison de l'ego.

Sentez comme vous devenez léger quand vous vous délestez du poids de la peur, du péché, de la culpabilité et de la souffrance. Laissez-vous aller aux délices de cette liberté qui est vôtre, transporté dans un monde sans jugement et sans blâme, un monde où les gens ne s'agressent plus, mais s'aiment simplement les uns les autres.

Là, il n'y a rien à craindre parce que le péché, la douleur et la culpabilité n'ont aucune réalité. Pour un moment seulement, éveillez-vous à la réalité de ce que vous êtes et reconnaissez que votre seule identité est l'amour. Laissez-vous envahir par la joie et la paix sans limites qui viennent de la certitude d'être aimé par Dieu pour toujours. Cet amour est ce qui nous unit à Lui et à toute Sa création. Car en vérité, nous sommes amour et ce sont ainsi des miracles que nous nous offrons mutuellement.

L'EVEIL

Ce que je viens de décrire ne doit pas être une expérience imaginaire. La lumière de Dieu est en nous maintenant et nous n'avons pas à attendre des «lendemains meilleurs» pour ressentir une paix et un bonheur constants dans notre vie.

La joie du paradis peut être nôtre immédiatement — non comme un lieu du ciel, mais comme un état d'unité, un état où nous nous sentons totalement et complètement unis aux autres. Il nous faut seulement pour cela vouloir nous réveiller et reconnaître que l'état dans lequel nous sommes n'est qu'un rêve — rêve d'un monde illusoire où la séparation et l'agression apparaissent comme réelles.

La Bible, par exemple, nous dit qu'Adam s'endormit d'un sommeil profond duquel il ne s'est jamais réveillé. Il semble en effet que, comme Adam, nous dormons depuis longtemps et que notre réveil, notre renaissance, sont dépendants de notre volonté de nous libérer de la souffrance, de la culpabilité et de la peur auxquelles nous sommes si attachés. Car c'est cet attachement qui nous empêche de voir la lumière de Dieu — notre seule réalité — en nos frères et en nous-mêmes.

OUVRIR LA PRISON DE NOTRE ESPRIT

Je voudrais vous raconter l'histoire d'un homme qui vint me démontrer le miracle de l'amour qu'engendre le pardon.

Depuis la publication de mon livre *Aimer, c'est se libérer de la peur*, je suis accoutumé à recevoir des lettres de gens appréciant l'aide que ce livre leur a apportée. Toutefois, je reçus un jour la lettre d'un homme que j'appellerai Dave, dans laquelle il disait avoir lu *Aimer, c'est se libérer de la peur*, et que c'était le pire des livres qu'il ait jamais lus. Il ajoutait qu'il était en régime d'isolement dans une prison de haute sécurité et que si j'avais subi, comme lui, la brutalité et les mauvais traitements des gardiens de prison, je serais aussi convaincu que lui qu'il existe des gens qui font des choses absolument impardonnables. Il concluait que je devais être un psychiatre fou, vivant sur un nuage.

Je voulais vraiment répondre à Dave sans toutefois être sur la défensive. Je ne voulais pas le percevoir agressif, mais plutôt comme un homme désespéré qui ressentait dans sa vie un manque d'amour total. En tenant compte de tout cela, je lui écrivis une lettre et c'est ainsi que nous commençâmes à correspondre régulièrement.

Six mois plus tard, je m'aperçus que j'avais prévu dans mon emploi du temps de faire une conférence dans une ville qui se situait à deux heures de voiture de sa prison. Je téléphonai au directeur et j'obtins une permission spéciale pour voir Dave à huit heures le samedi matin. Mon guide intérieur me suggéra de passer un moment avec lui, pour lui offrir l'amour dont il avait si désespérément besoin, en l'acceptant tel qu'il était, sans conditions ni désirs de le changer.

Dave entra dans la pièce, nous échangeâmes un bref salut puis, prenant son souffle il commença à parler, sans s'arrêter. Il continua ainsi son monologue pendant à peu près cinquante-cinq minutes. Dans presque chaque phrase il blâmait quelqu'un. Il démontrait ainsi parfaitement la croyance de l'ego.

Il blâmait ses parents pour lui avoir fait subir, étant enfant, des sévices corporels et mentaux. Il blâmait son père pour être un alcoolique ayant déserté sa famille. Il blâmait sa mère pour son inconstance envers les hommes et pour être la cause des séjours nombreux qu'il fit en nourrice et dans des maisons de rééducation juvénile. Il blâmait la société pour avoir passé presque toute sa vie en prison.

Il dit qu'il purgeait une peine pour détournement de fonds, mais qu'il était innocent. Il n'avait pas commis ce crime; les autorités l'avaient arrêté à tort. Il ajouta que son comportement en prison avait été si mauvais qu'il ne pouvait pas espérer être libéré sur parole avant au moins huit ans.

Comme la fin de l'heure qui nous était accordée approchait, je lui demandai s'il avait encore quelque chose à dire. Il me répondit qu'il voulait que je lui envoie, dès mon retour en Californie, une télévision. Il précisa qu'il la voulait en couleur, pas en noir et blanc; cette précision était bizarre, mais la demande catégorique.

Alors que je me levai pour partir, il me vint à l'idée de lui dire que j'allais donner une conférence un peu plus tard et je lui proposai d'être son interprète, s'il avait un message à transmettre à l'auditoire. Sans sourciller, il répondit: «Dites à votre auditoire que pour avoir la paix de l'esprit, la chose la plus importante à faire est de déterminer quels sont les gens dans la vie contre lesquels on a des griefs et de leur pardonner».

La réponse de Dave me stupéfia, car elle était en contradiction totale avec tout ce qu'il venait de dire pendant une heure! Quel exemple parfait de la division de notre esprit! Et combien cela nous rappelle qu'il y a toujours une partie de notre esprit qui sait la vérité, même quand notre ego est sous l'emprise de la peur.

Avant de partir, je dis à Dave que dans notre Centre pour la Guérison des Attitudes, nous croyons que rien n'est impossible puisque ce sont nos pensées qui font la réalité. Je lui suggérai qu'il pouvait changer son système de croyance et se voir libéré sur parole bien plus tôt que ce même système ne le lui laissait supposer.

Pendant ma conférence, je partageai avec l'auditoire mon expérience de la matinée passée avec Dave et j'ajoutai que nous nous guérissons nous-mêmes lorsque nous nous donnons aux autres. Puis j'eus l'idée de donner l'adresse de la prison de Dave en suggérant que quiconque voulait lui écrire pouvait le faire. A mon retour en Californie, j'envoyai à Dave cinquante dollars en timbres-poste au lieu d'une télévision en couleur.

Cinq semaines plus tard, je reçus une lettre de Dave dans laquelle il disait: «Il y a des gens en dehors de la prison qui ont des problèmes pires que les miens». Il racontait qu'un grand nombre de gens lui avait écrit en lui demandant de les aider et il ajoutait: «Qui suis-je donc pour aider les autres quand, en fait, je suis en régime d'isolement et même pas capable de m'en sortir moi-même?» Par son passé, Dave se jugeait comme le plus coupable et le plus impardonnable des êtres humains.

Il dit toutefois, qu'en écrivant aux autres et en essayant de les conseiller, il découvrait qu'il voyait maintenant ses parents, ses gardiens et lui-même différemment. Il disait qu'il commençait à comprendre que sa prison n'était pas les murs de ciment mais la culpabilité et la peur. Il ajoutait qu'il voyait maintenant l'importance du pardon pour l'aider à se détacher de ses émotions négatives. Deux mois plus tard, je recevais la lettre d'un pasteur qui voyait Dave régulièrement et qui me faisait part de l'extraordinaire transformation qu'il avait observée chez lui.

Une année après ma visite, une lettre de Dave m'annonçait qu'il devait comparaître devant le conseil de libération sur parole et il me demandait de lui écrire une lettre de recommandation. Je répondis que je ne pensais pas pouvoir écrire une lettre de recommandation basée sur une seule visite, mais que je serais heureux d'écrire un lettre qui ferait part de la visite que je lui avait faite et de nos échanges de lettres.

Deux mois plus tard, Dave me téléphonait. Il était sorti de prison et vivait avec une des femmes avec qui il avait correspondu. En essayant de l'aider, je ne me rendais pas compte que je finirais entremetteur!

L'expérience de Dave illustre magnifiquement le thème de la leçon d'aujourd'hui. Il est le témoignage vivant de la vérité exprimée dans la citation suivante du *Cours sur les miracles*:

LE PARDON M'OFFRE TOUT CE QUE JE VEUX

Que pourriez-vous désirer que le pardon ne puisse vous donner? Voulez-vous la paix? Le pardon vous l'offre. Voulez-vous le bonheur, un esprit tranquille, la certitude d'un but et un sens de la valeur et de la beauté qui transcende le monde? Voulez-vous la sécurité, l'attention et la chaleur d'une protection sûre, toujours? Voulez-vous le calme qui ne peut être troublé, une gentillesse qui ne puisse être blessée, un confort profond et durable et un repos si parfait qu'il ne puisse jamais être perturbé?

*Tout cela le pardon vous l'offre et plus encore. Il étincelle dans vos yeux quand vous vous éveillez et vous donne la joie avec laquelle vous allez à la rencontre du jour. Il calme votre front quand vous sommeillez et repose sur vos paupières pour que vous ne rêviez pas de peur et de mal, de malice et d'agression. Et quand vous vous réveillez, il vous offre encore une journée de bonheur et de paix. Tout cela, le pardon vous l'offre et plus encore.**

---

* *Cours sur les miracles*, manuel, leçon 122.

ETAPES POUR INTEGRER LA LEÇON D'AUJOURD'HUI DANS NOTRE EXPERIENCE QUOTIDIENNE

1. Posez-vous les questions suivantes:
   a) Est-ce que je veux vraiment être heureux? Est-ce que je veux vraiment être en paix? Est-ce que je veux vraiment ressentir l'amour? Est-ce que je veux vraiment me libérer à cent pour cent de tous mes griefs passés?
   b) Pensez alors à quelqu'un de spécifique dans votre vie — présente ou passée — qui semble empêcher l'éveil de votre conscience à la paix et à la joie.
   c) Demandez-vous si vous voulez vraiment pardonner cette personne pour ce que vous croyez qu'elle vous a fait. Si vous répondez «oui», prenez l'engagement envers vous-même de commencer immédiatement à voir cette personne différemment — avec les yeux de l'amour.

2. Pensez à un incident — passé ou présent — par lequel vous vous sentez responsable d'avoir provoqué douleur et souffrance chez un autre.
   a) Voyez cette personne complètement guérie et comblée.
   b) Rappelez-vous que votre véritable esprit ne contient que des pensées d'amour. Soyez désireux de vous pardonner pour tout ce que vous pensez avoir commis dans le passé.

3. Répétez-vous fréquemment aujourd'hui: «Je n'ai pas besoin d'attendre que les autres acceptent le pardon pour eux-mêmes. Je suis heureux d'accepter le pardon pour moi-même maintenant».

4. Imaginez que vous possédez un énorme porte-clefs contenant des centaines de clefs. Ce sont toutes les clefs que vous avez utilisées pour ouvrir la porte à l'argent, aux voitures, aux vacances, aux relations privilégiées, etc... Toutefois, aucune d'elles ne vous a apporté la joie et la paix de façon régulière et consistante comme vous le désiriez. Visualisez-vous jetant toutes ces clefs. Maintenant, imaginez que vous êtes entouré de lumière qui graduellement devient une clef en rayon laser. Cette clef est la clef du pardon et elle vous offre tout ce que vous désirez.

5. Maintenant que vous êtes libéré, ainsi que les autres, par le pardon, ressentez la joie et la paix, sachant que Dieu vous aime pour toujours et que, par l'amour, vous êtes uni à Lui et à tous.

«Ne pas se défendre est tout ce qu'il faut pour que nos esprits commencent à entrevoir la vérité avec certitude.»

LEÇON 14

QUAND JE REFUSE DE ME DEFENDRE JE SUIS EN SECURITE *

LE CYCLE DE L'AGRESSION

De nos jours, la croyance prédominante nous incite à penser qu'il est non seulement naturel, mais raisonnable d'être sans cesse sur la défensive. Nous avons adopté cette attitude croyant que l'agression est inévitable et que nous devons être prêts à contre-attaquer. Plus nous sommes sur la défensive, moins nous sommes susceptibles d'être agressés. Cette croyance est démontrée non seulement dans nos relations personnelles, mais aussi dans les relations internationales. Les dirigeants, dont les vues sont soutenues par la majorité des populations, nous ont persuadés que plus nous accumulons d'armement militaire, plus nous serons forts et, par conséquent, la seule possession d'un grand nombre d'armes obligera un autre pays à réfléchir à deux fois avant de lancer une attaque contre nous. Mais quand nous sommes sur la défensive, nous encourageons l'attaque et nous oublions que notre fonction est le pardon.

---

* *Cours sur les miracles*, manuel, leçon 153.

Nous démontrons, au niveau personnel, ce besoin de défense, de maintes façons. La règle d'or semble être: «Si vous percevez qu'on vous agresse, contre-attaquez». Par exemple, si quelqu'un vous «attrape» et si vous estimez que ce n'est pas justifié, «criez» plus fort que lui. Attaquez! Attaquez! Attaquez! Où il y a attaque, il n'y a pas d'amour. Vous ne pouvez pas agresser quelqu'un ou même avoir des pensées agressives et être aimant en même temps. La peur et les pensées agressives engendrent la culpabilité et, ainsi, la peur, la culpabilité, la colère, l'agression et la défense deviennent inextricablement liées.

ILLUSIONS SANS VALEUR

Quand nous sentons monter la colère, c'est parce que nous croyons encore que la peur et la culpabilité sont réelles. Parfois nous essayons de supprimer ou de réprimer notre colère uniquement pour la voir émerger sous une autre forme, telle qu'une attaque contre notre propre corps. Donc, la suppression ou la répression de nos sentiments ne sont pas la solution au problème. Il faut simplement reconnaître que peur, culpabilité et colère elles-mêmes ne sont que des illusions et sont par conséquent sans valeur. Quand nous prenons conscience qu'une chose est sans valeur, nous sommes prêts à l'abandonner. Nous ne sommes plus attachés et ne voulons garder que ce que nous valorisons.

Nous avons déjà dit qu'il n'existe que deux émotions: l'amour et la peur. L'amour est notre héritage naturel et la peur une invention de notre ego.

L'amour de Dieu est la seule réalité qui soit et la pensée d'amour est tout ce qu'est notre esprit. Les esprits ne peuvent attaquer — seuls les corps peuvent le faire. L'illusion de n'être que des corps nous vient du sentiment faux d'être séparés de Dieu et des autres.

Le maître Jésus nous a enseigné à plusieurs reprises pendant sa vie sur terre que la seule chose de valeur, la seule chose réelle, est l'amour. Il savait que sa vraie relation était avec Dieu et qu'à l'intérieur de cette relation il n'y avait absolument aucune peur. Se sentant en sécurité dans la certitude que son Père ne l'abandonnerait jamais et ne le laisserait pas sans réconfort, Jésus démontra continuellement ce que veut dire être sans défense dans nos relations avec les autres.

L'année dernière, je reçus cette lettre de Joanne Wilson relatant une expérience où elle refusa d'être sur la défensive.

«Cher Docteur Jampolsky,

En relisant le numéro d'octobre du magazine *Unity* et votre article, «C'est en refusant de me défendre que je me sens en sécurité», je décidai de vous écrire pour vous raconter comment, en refusant de me défendre, j'ai préservé ma sécurité.
L'année dernière, avant Noël, mon patron me libéra pour l'après-midi. A cause de la tempête de neige qui se déchaînait, il pensait qu'il ne viendrait plus aucun client. Je saisis l'occasion pour aller faire des achats. Le cadeau que je cherchais se trouvait dans la ville voisine, à cinquante kilomètres de là. Comme le temps était mauvais, je priai pour savoir si je devais m'y rendre et je sentis qu'il le fallait. Je suis partie; je me sentais «conduite».
Les routes étaient si mauvaises que j'eus envie de faire demi-tour plusieurs fois, mais je continuai malgré tout. J'allai dans le magasin où je pensais trouver ce cadeau, l'achetai rapidement et repartis.

La circulation au sortir de la ville était très lente car les chaussées étaient glissantes et nous étions pare-chocs contre pare-chocs lorsque je remarquai un homme qui faisait du stop. Le Seigneur m'instruisait depuis un certain temps de n'avoir peur de rien, d'abandonner ma peur des auto-stoppeurs et de remplacer la peur par l'amour. Je n'hésitai donc pas à m'arrêter pour le faire monter.
Il sembla hésiter à entrer dans ma voiture — il semblait surpris qu'une femme s'arrête pour lui, surtout une femme blanche, car il était Indien. Mais il monta. Il était probablement drogué. D'abord, je crus qu'il était ivre, mais je ne sentais pas l'odeur de l'alcool. Il était très perturbé et avait l'air malade, et quand je lui demandai où il voulait aller, il répondit qu'il ne savait pas. Je proposai différents endroits où je savais qu'il pourrait trouver de l'aide, mais il refusa. Il me regardait de temps en temps très timidement, cherchant mon regard, et se mit à pleurer. Penché en avant et appuyé sur ses mains, il répétait: «Je ne veux pas vous faire du mal. Je vous demande pardon». Puis il me regardait à nouveau — semblait se calmer, me fixant du regard, tâtant sa poche de la main, puis recommençait à se lamenter et à pleurer.
Nous roulions très près d'un gros camion et notre visibilité était très limitée. Je ne vis pas les barrières de police jusqu'à ce qu'on m'arrête. Il y avait des voitures de police de chaque côté de la route et les policiers faisaient ralentir les voitures, regardaient à l'intérieur et les laissaient repartir. Le camion que nous suivions fut soumis au même contrôle et s'éloigna. C'est alors, à ma grande surprise, que les policiers me firent signe de ralentir, puis de m'arrêter. L'Indien me dit: «Ne leur dites pas qui je suis», ce qu'il ne m'avait pas

dit de toute façon, et, nonchalamment il baissa la vitre de son côté. Le policier l'appela par son nom, le tira hors de la voiture et lui passa les menottes si vite que j'eus à peine le temps de comprendre ce qui se passait. Il me fit signe de continuer sans me poser de question. (Ce qui me surprit et qui étonna mon mari quand je lui racontai l'histoire.)

Je cherchais quelque chose à dire à cet homme en témoignage du Christ, alors qu'on le tirait rapidement hors de ma voiture, et, avant de m'éloigner, je lui criai: «Dieu est avec toi, ami».

Cet homme avait été complètement désarmé par mon absence de peur et mon désir de l'aider. Je suis sûre qu'il avait une arme dans sa poche et avait sans doute envisagé de l'utiliser pour forcer quelqu'un à l'aider à s'échapper. Au lieu de cela, il était confus et ne savait que faire. L'officier de police n'eut aucune difficulté à l'appréhender. Il ne résista pas et il était calme à ce moment-là, paisible même.

Je pleurai un moment, en continuant ma route, pensant que j'aurais dû trouver les mots pour aider cet être si troublé et désespéré. Puis, je me réjouis en comprenant que Jésus avait voulu que j'aille là pour faire exactement ce que j'avais fait. La seule façon d'aider cet homme dans sa peur et son désespoir, à ce moment-là, était de l'empêcher de faire du mal à quelqu'un.

L'amour enseigné par Jésus pour détrôner ma peur s'est manifesté et bien que sans défense je fus toujours en sécurité. On pourrait dire que c'est en refusant de me défendre que j'ai assuré ma sécurité.

Mes vœux sincères pour que votre succès continue.»

Joanne Wilson

LES MAITRES PROVOCATEURS

L'un des avantages de voyager pour donner des conférences consiste à relever le défi de mettre en pratique les concepts dont je parle. Ces défis me rappellent que nous enseignons toujours ce que nous voulons apprendre.

C'est à l'occasion d'une tournée de conférences en Australie, il y a quelques années, que j'eus à relever un défi. Pendant mon voyage dans le pays, je fus invité pour un certain nombre d'interviews à la radio et à la télévision. A Sydney, je rencontrai un journaliste de radio qui, vu par les yeux de mon ego, me semblait très hostile. Dans l'intérêt de l'anonymat, je l'appellerai Roger. Il entama la conversation en disant que mes idées étaient étroites, creuses et sans substance. Je pense que bien des gens auraient qualifié sa technique d'interview de provocante, agressive et humiliante.

Je dois admettre que ma première réaction fut la peur et j'eus la tentation de me mettre sur la défensive. Roger touchait mes points faibles. Je pus me contrôler avant de prononcer des mots qui nous auraient entraînés vers la culpabilité et la séparation. C'était la paix de l'esprit que je voulais vraiment. Je décidai de ne pas me défendre. Au lieu de voir Roger m'attaquant, je choisis de le voir apeuré, me lançant un appel d'aide pour demander l'amour. Pendant les minutes qui suivirent, je me concentrai pour lui envoyer des pensées aimantes sans désirer changer son comportement. Il est intéressant de noter que, pendant les dix dernières minutes de l'interview, ses remarques se radoucirent quelque peu.

Ce soir-là, je donnai une conférence publique et imaginez ma surprise quand, en regardant dans la salle, je vis mon interlocuteur du matin assis au troisième rang!

Le jour suivant, je reçus un coup de téléphone de Roger. Il était très aimable et demandait si je voulais bien le voir pour parler de problèmes personnels qui lui causaient de grands conflits. J'acceptai et il vint me voir dans ma chambre d'hôtel.

Il semblait complètement différent de l'homme que j'avais rencontré à la station de radio. Il était chaleureux, gentil et, encore plus surprenant, il était confiant. Il me raconta certains détails intimes que la plupart des gens, je crois, auraient eu de la peine à exposer lors d'un premier entretien. Il était clair qu'il se sentait en sécurité avec moi.

Pendant notre conversation, je repensai à l'interview et j'étais heureux d'avoir été capable de ne pas me défendre. J'avais l'impression que la plupart des gens que rencontrait Roger le contre-attaquaient — et il le confirma plus tard. La culpabilité qu'il ressentait envers sa propre colère était monumentale et je concentrai mes efforts à l'aider à se délivrer de son attirance pour la culpabilité.

Avant que je ne suive une voie spirituelle, ma «personnalité-moi» aurait, j'en suis certain, été sur la défensive et aurait agressé Roger pendant notre interview à la radio. Tous deux, nous aurions fini dans la souffrance, la culpabilité, le sentiment de séparation et le manque d'amour.

Roger m'a prouvé indiscutablement que, si nous changeons notre façon de penser, nous voyons un monde différent. Il démontra que nous pouvons choisir la paix au lieu du conflit et l'amour au lieu de la culpabilité. Encore une fois, j'appris que nous pouvons guérir nos relations quand «nous nous délivrons de la culpabilité».

Chaque jour nous offre de nouvelles occasions pour mettre la leçon d'aujourd'hui en pratique. Lorsque nous éliminons le besoin de nous défendre et la peur de l'agression, tous les aspects de notre vie quotidienne en bénéficient; nous pouvons alors nous reposer en sécurité, sous la protection de l'amour de Dieu. Mon expérience continue de confirmer que toutes nos interactions conflictuelles avec les autres, quelle que soit leur forme, ne sont que des variations du jeu de la culpabilité.

QUAND JE REFUSE DE ME DEFENDRE, JE SUIS EN SECURITE

Une réaction défensive à un mode «agressif» est inefficace, car elle augmente notre sentiment de faiblesse et de vulnérabilité. Seuls ceux qui ont peur croient que la défense peut les protéger; ils ne reconnaissent pas qu'ils sont pris dans un engrenage d'agressions et de défenses. Pourtant, refuser de se défendre est une force inattaquable. Aujourd'hui, je reconnais que les défenses ne nous protègent pas, mais qu'elles font, en fait, l'opposé de ce que nous voulons.

ETAPES POUR INTEGRER LA LEÇON D'AUJOURD'HUI DANS NOTRE EXPERIENCE QUOTIDIENNE

1. Pensez à quelqu'un qui semble vous avoir agressé dans le passé et à qui vous n'avez pas pardonné. En pensant à cette personne, dites en vous-même: «(Précisez le nom), je te libère et je sais que nous sommes tous deux en sécurité et entourés de l'amour de Dieu. Je suis serein et certain que rien ne peut nous faire du mal».

2. Rappelez-vous souvent pendant la journée: «Chaque fois que je me défends contre quelqu'un, en

fait, je l'agresse et je prive cette personne et moi-même de l'amour».

3. Tout au long de la journée, quand vous vous sentez tenté d'agresser quelqu'un, répétez-vous: «C'est en refusant de me défendre que je me sens fort et en sécurité. Je choisis d'abandonner ma faiblesse aujourd'hui».

4. Si vous entendez parler de quelqu'un qui est agressé aujourd'hui, rappelez-vous que votre but est de donner l'amour plutôt que de vous identifier avec l'«agresseur» ou avec la «victime». Dites-vous: «Aujourd'hui est un jour pour l'amour, non pour la peur et l'agression». Choisissez alors d'exprimer la forme d'amour la plus appropriée pour vous dans cette situation.

5. Ce qui suit est une prescription pour vous empêcher de voir les autres vous attaquant ou vous-même vous défendant: calmez votre esprit et déterminez à quelles pensées de culpabilité, s'il en est, vous vous attachez. Voyez ces pensées comme non voulues, irréelles et sans valeur. Maintenant libérez-vous de ces pensées. En les laissant partir vous ne serez pas tenté de les projeter sur les autres.

EPILOGUE

La culpabilité est une émotion que nous avons inventée. C'est à la fois notre gardien et notre prison. Elle garde notre esprit emprisonné et nous enchaîne dans la servitude de l'autocondamnation et de la dépression. C'est la pesanteur qui nous maintient au sol, limités à une réalité physique. Elle nous interdit de nous éveiller et, dans cet état de rêve, nous nous sentons séparés de nos frères et sœurs.

Les esprits qui sont unis, et qui reconnaissent qu'ils le sont, ne ressentent pas de culpabilité.*

Quand nous nous éveillons à cette évidence, nous pouvons relâcher nos peurs en pardonnant et en nous «libérant réellement de la culpabilité».

Par une pratique constante, nous ne pouvons que ressentir

LA PRESENCE DE LA PAIX
LA PRESENCE DE L'AMOUR
LA PRESENCE DE LA JOIE
LA PRESENCE DE DIEU

Sortons de notre état de rêve et soyons les témoignages les uns aux autres de notre confiance en Dieu, en nous-mêmes et en chacun de nous.

Soyons libres
Soyons sans limite
Soyons un tout, guéris et unis.

Traversons ensemble le pont du pardon, acceptant la paix pour nous-mêmes en l'offrant au reste du monde.

---

* *Cours sur les miracles*, texte, p. 489.

A PROPOS DES AUTEURS

Patricia Hopkins est le co-auteur avec Gerald Jampolsky d'une série d'articles «Donner c'est recevoir», publiée récemment dans le magazine *Unity*. Elle a été le directeur exécutif, membre du conseil d'administration et consultant au Centre de Guérison des Attitudes à Tiburon en Californie où elle habite.

William Thetford était professeur de psychologie médicale dans le département de Psychiatrie au Collège des Médecins et Chirurgiens, à l'Université de Columbia de 1958 à 1981 et directeur du Département de Psychologie au Columbia Presbyterian Hospital à New York, de 1958 à 1978. Il est le co-auteur, avec Helen Schucman, du *Cours sur les miracles* qu'ils rédigèrent en huit ans. Il a été pendant cinq ans le Directeur du Centre pour la Guérison des Attitudes à Tiburon en Californie et consultant médical civil spécialiste en médecine familiale au David Grant USAF Medical Center à Trevis Air Force Base, Californie. Il habite à Tiburon.

TECHNIQUES DE VISUALISATION CRÉATRICE

Shakti Gawain

Votre imagination vous permet de créer une image précise de ce que vous désirez, puis de soutenir cette image par l'énergie positive de votre attention jusqu'à ce qu'elle devienne une réalité objective. Utilisez cette puissance pour créer ce que vous désirez : amour, joie, relations satisfaisantes, travail gratifiant, santé, beauté, prospérité... Vous pourrez choisir ce que vous voulez vivre au lieu de subir des situations où vous dépendez d'autrui ou de vos conditionnements. La visualisation créatrice vous ouvre les portes de l'abondance naturelle de la vie.

192 pages

LA VISUALISATION CRÉATRICE

en cassette !

Le complément indispensable pour pratiquer la visualisation créatrice partout et en tout temps.
Vous y trouverez les exercices du livre de SHAKTI GAWAIN.

SUR LE CHEVAL DES RÊVES

Deux exercices de détente profonde et de visualisation afin de vous libérer des contraintes quotidiennes et de vous permettre une régénération totale, physique et psychique.

La cassette, de 60 min.
Plus de 50 cassettes diverses disponibles.
Demandez notre catalogue.

BONJOUR BONHEUR !

Ken Keyes, Jr

Ken Keyes anime aux Etats-Unis des séminaires qui permettent à des milliers de gens de transformer leur vie en découvrant la science du bonheur ; il est l'auteur de plusieurs bestsellers **(2,5 millions de livres vendus à ce jour).**

Grâce à sa profonde connaissance de l'être humain, Ken Keyes montre les étapes à suivre pour remplacer les habitudes par la liberté, la haine par l'amour et l'ignorance par la sagesse.

Avec les douze leçons de ce livre, apprenez à cesser de programmer votre malheur et celui de vos proches. Créez un monde dans lequel le bonheur fleurit à chaque pas !

AGIR POUR SE GUÉRIR

Dr Soleil

Une sélection de témoignages (issus de journaux, livres ou lettres) présentant les expériences de personnes atteintes de maladies graves, certaines condamnées par la médecine officielle. En recourant aux méthodes alternatives les plus diverses, mais avec pour point commun une démarche personnelle vers la santé, ces personnages ont changé leur destin. Ce livre constitue un grand message d'espoir remplaçant la fatalité par une possibilité de se ressaisir et d'entamer un processus de régénération.

196 pages/photos

LIVRES DU DOCTEUR SOLEIL

MANGER « SOLEIL »

Il est possible d'évaluer les aliments selon leur apport quantitatif, mais il existe aussi une grande méthode : celle de l'approche qualitative qui privilégie leur potentiel de vitalité. Et les graines germées, les jeunes pousses, les fruits et légumes crus en regorgent. A vous de les utiliser dans votre cuisine quotidienne ! Manger « Soleil » vous propose des recettes variées, originales, économiques et attrayantes, qui renouvelleront votre conception de la cuisine. Elles sont excellentes pour votre palais et votre santé !

144 pages/illustrations et photos

GUIDE DES RÉGIMES

Considérés du point de vue de l'individu à la recherche de l'alimentation qui lui convient personnellement, les divers régimes ne sont plus contradictoires. Ils offrent la richesse d'un éventail de possibilités complémentaires. Le *Guide des Régimes* les présente avec leurs avantages, leurs inconvénients et leurs effets sur la santé, afin d'informer le lecteur et de l'aider à s'orienter.

112 pages/illustré

APPRENDRE A SE NOURRIR

Sous une forme attrayante, toutes les informations pour une alimentation vivante et variée, libérée de la contrainte des régimes rigoureux comme de la culpabilité des erreurs répétées, préjudiciables à notre santé. Ce livre propose en outre une classification qui permet d'évaluer les aliments selon leur degré de vitalité. Savourons parfois le plaisir du connu et apprenons à d'autres moments de nouvelles façons de nous nourrir pour nous offrir la vitalité et le bien-être d'un organisme régénéré !

132 pages/illustré

APPRENDRE A SE DÉTOXIQUER

Notre équilibre personnel peut se maintenir même dans des conditions défavorables si nos organes d'élimination fonctionnent bien. Tant que l'apport de toxines reste dans des limites de notre capacité de désintoxication, notre bien-être est asuré. Dès que nous absorbons trop de substances dévitalisées ou nocives, nous nous intoxiquons et souffrons de troubles de plus en plus importants. Ne les subissons pas plus longtemps, alors qu'il existe des méthodes faciles pour « nettoyer » notre organisme.

118 pages/illustré

Du même auteur, chez le même éditeur :

Toujours plus de Lumière avec Santé-Soleil

Pour ceux qui désirent faire l'expérience vécue des techniques décrites dans les ouvrages Soleil, le docteur Christian Tal Schaller et Johanne Razanamahay proposent, tout au long de l'année et dans plusieurs pays, des conférences, séminaires et stages de formation. Dans des entreprises, groupes de santé et centres de régénération, ils enseignent les clés de la santé totale par l'harmonie physique, émotionnelle, mentale et spirituelle.

Leur programme paraît dans le magazine trimestriel Vivez Soleil qui diffuse leurs informations positives et favorise la communication entre les Editions Vivez Soleil et leurs lecteurs.

Sur simple demande (joindre deux timbres au tarif en vigueur), nous vous enverrons :

❑ Un exemplaire du Magazine Vivez Soleil.
❑ Le programme détaillé de Santé-Soleil.
Nom : -------------------------- Prénom :------------------
Adresse : --
Code postal : ------------------- Ville :--------------------
Pays : --

A adresser aux Editions Vivez Soleil
France : L'Eculaz, 74930 Reignier
Suisse : 32, av. Petit-Senn, 1225 Chêne-Bourg /Genève

Achevé d'imprimer en novembre 1993 sur les Presses
de l'Imprimerie Darantiere à Quetigny.
Imprimé en France. Dépôt légal : 3e trimestre 1990.
N° d'impression : 093/577